scriptores antiqui Romani imaginibus ornati

CÆSARIS

e commentariis de bello Gallico

BELLVM HELVETICVM

composuit Rubricastellanus
pinxit Faber

Ernst Klett Verlag
Stuttgart München Düsseldorf Leipzig

C. I. Caesaris commentariorum de bello Gallico capita quae sunt de bello Helvetico
illis aucta locis qui in scholis praecipue leguntur.

Conscriptionem nubeculatam composuit Rubricastellanus (Karl-Heinz Graf von Rothenburg).
Imagines pinxit Faber (Walter Schmid).

Editio sexta Stutgardiae in aedibus Ernst Klett Schulbuchverlag.
Editiones priores curavit domus editoria SPECTRA-Lehrmittel-Verlag.

Gedruckt auf Papier aus chlorfrei gebleichtem Zellstoff, säurefrei.

1. Auflage 1 12 11 10 9 8 | 2004 03 02 01 2000

Dieses Buch erschien zunächst in fünf Auflagen, erstmals 1987, beim SPECTRA-Lehrmittel-Verlag, Dorsten. Die 5. Auflage wurde um den Umfang S. 57–S. 72 erweitert; mit ihr ist diese Ausgabe im Inhalt identisch.

Alle Drucke dieser Auflage können im Unterricht nebeneinander benutzt werden; sie sind untereinander unverändert. Die letzte Zahl bezeichnet das Jahr dieses Druckes.

Einbandgestaltung: Walter Schmid, Essen.
Druck: Druckhaus Vogel GmbH, 70771 L.-Echterdingen.
ISBN 3-12-667200-0

anno a.u.c. DCVC (i.e LIX a.Chr.n.) ultimo consulatus sui die Caesar, quae proconsul facturus sit, secum volvit . . .
SPQR
post consulatum provincias meas tractabo
Caesaris super umerum spectantes provincias eius cognoscimus scilicet GALLIAM TRANSALPINAM, GALLIAM CISALPINAM, ILLYRICUM.
PROVINCIA
GALLIA CISALPINA
immenso tandem aere alieno me liberare . . .
VAAP!
. . . atque exercitum mihi omnino deditum comparare possum, quo Romae rerum potiar!
ars pecuniam a provinciis exigendi bellaque prospere gerendi mihi iam ex Hispania nota est. sed nunc quae provincia ad hanc rem idonea est?
GALLIA TRANSALPINA! quam ridiculam provinciam nostram tota Gallia pacata augebo . . .!
. . . finesque imperii Romani usque ad Britannos atque Germanos propagabo!
VAP!
CUSTODES!
afferte tabulam totius Galliae, baculum servumque Gallum et linguae Latinae et regionum Galliae peritum!
ave, Caesar! ecce adsunt, quae petis.
vos tenete tabulam, tu autem, drúida, explica!
BELGAE
GALLIA CELTICA
AQUITANIA
Gallia est omnis divisa in partes tres, quarum unam incolunt Belgae, aliam Aquitani, tertiam qui *nostra* lingua Celtae, *vestra* Galli appellantur.
POP

hi omnes lingua, institutis, legibus inter se differunt.
BELGAE
GALLIA CELTICA
AQUITANIA
PPOVINCIA
Gallos ab Aquitanis Garunna flumen, a Belgis Mátrona et Séquana dividit.
BELG
SEQUANA
RHENUS
GALLIA CELTICA
GARUNNA
RHODANUS
AQUITANIA
PROVINCIA
ea pars, quam Gallos obtinere *a me* dictum est, initium capit a flumine Rhódano, continetur Garunna flumine, Océano, finibus Belgarum, attingit etiam ab Séquanis et Helvetiis flumen Rhenum, vergit ad septentriones. Belgae ab extremis Galliae finibus oriuntur, pertinent ad inferiorem partem fluminis Rheni, spectant in septentrionem et orientem solem.
ipse video: Aquitania a Garunna flumine ad Pyrenaeos montes et eam partem Océani, quae est ad Hispaniam, pertinet, spectat inter occasum solis et septentriones.
perge, Galle!
BELGAE
GALLIA CELTICA
PROVINCIA
omnium fortissimi sunt Belgae, propterea quod a cultu atque humanitate provinciae longissime absunt minimeque ad eos mercatores saepe commeant atque ea, quae ad effeminandos animos pertinent, important proximique sunt Germanis, qui trans Rhenum incolunt, quibuscum continenter bellum gerunt.
suntne aliae civitates fortissimae in Gallia?
BELGAE
GALLIA CELTICA
AQUITANIA
PROVINCIA
sunt, o Caesar! eadem de causa Helvetii quoque reliquos Gallos virtute praecedunt, quod fere cottidianis proeliis cum Germanis contendunt, cum aut suis finibus eos prohibent aut ipsi in eorum finibus bellum gerunt.

postea: Caesar tres iam menses cum copiis ante urbem moratur, cum . . .
ave, Caesar! tibi nuntium maximi momenti ex Gallia Transalpina *affero:* Helvetii e finibus suis exire *atque* iter facere conantur per provinciam nostram.
*iam tribus annis ante** Orgétorix *quidam, qui* apud Helvetios longe nobilissimus fuit et ditissimus, M. Méssala M. Pisone consulibus regni cupiditate inductus coniurationem nobilitatis fecit et civitati persuasit, ut de finibus suis cum omnibus copiis exirent.
*anno LXI a.Chr.n.
celerrime equos iungite Aviaticae Primae!*
*celerrima raeda publica
tu quidem, cursor, me Genávam comitaberis. omnia cetera mihi in itinere narrabis.
ut iubes, Caesar!
dum Caesar et cursor via Flaminia e Roma exeunt . . .
AVIATICA PRIMA
. . . nosmet spatium triennii repetentes concilio Helvetiorum intersumus, quo Orgétorix cives suos oratione incendit . . .
sodales! loca quidem amoena incolentes tamen undique loci natura contine*mur* . . .

RHENVS
LACVS
VENETVS
SEQVANI
ARAR
IVRA MONS
HELVETII
GENAVA
VIENNA
RHODANVS
. . . una ex parte flumine Rheno latissimo atque altissimo, qui agrum *nostrum* a Germanis dividit, altera ex parte monte Iura altissimo, qui est inter Séquanos et *fines nostros,* tertia lacu Lemanno et flumine Rhódano, qui provinciam Romanam *a nobis* dividit.

nuda veritas est!
venter mihi iam intumuit.
his rebus *fit,* ut et minus late vagari et minus facile finitimis bellum inferre poss*imus.*

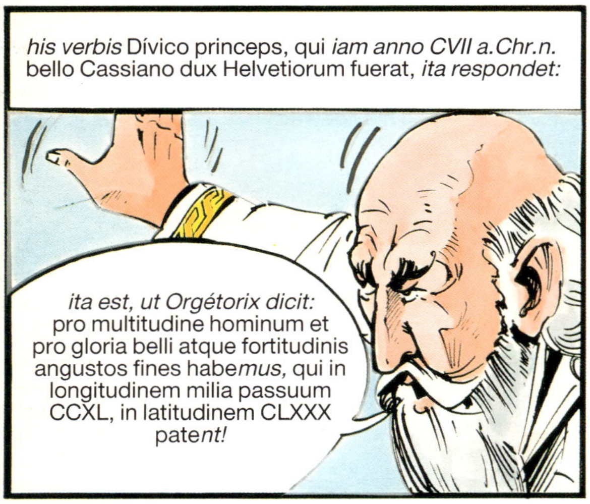
his verbis Dívico princeps, qui *iam anno CVII a.Chr.n.* bello Cassiano dux Helvetiorum fuerat, *ita respondet:*
ita est, ut Orgétorix dicit: pro multitudine hominum et pro gloria belli atque fortitudinis angustos fines habe*mus,* qui in longitudinem milia passuum CCXL, in latitudinem CLXXX pate*nt!*

itaque vobis persuadere volo, ut de finibus *nostris* cum omnibus copiis *exeamus!* perfacile *est,* cum virtute omnibus praest*emus,* totius Galliae imperio potiri!
ORGETORIX
ergo proficiscamur!
nimium ille viribus suis confidit

his rebus adducti et auctoritate Orgetorígis permoti constituerunt ea, quae ad proficiscendum pertinerent, comparare: iumentorum et carrorum quam maximum numerum coemere . . .
XVIII, XIX, XX!
pactum est!

. . . sementes quam maximas facere . . .
BAU BAU

. . . ut in itinere copia frumenti suppeteret . . .
Porro Bestiae!!
CLAC

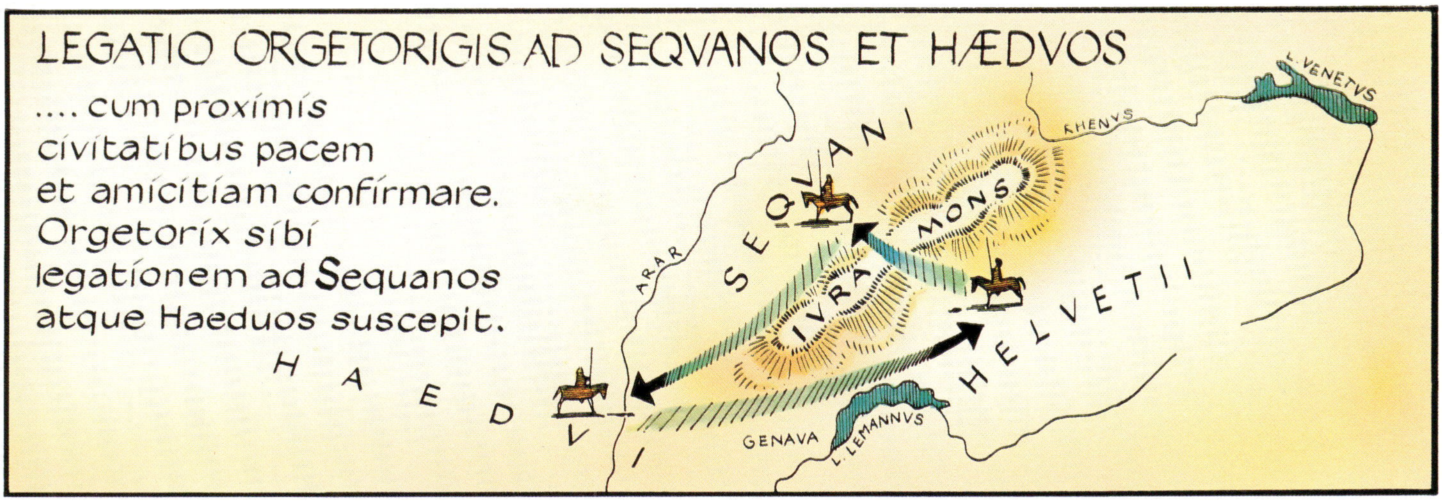
LEGATIO ORGETORIGIS AD SEQVANOS ET HÆDVOS
.... cum proximis civitatibus pacem et amicitiam confirmare. Orgetorix sibi legationem ad Sequanos atque Haeduos suscepit.
L. VENETVS
RHENVS
SEQVANI
IVRA MONS
ARAR
HELVETII
HAEDVI
GENAVA
L. LEMANNVS

Orgétorix in eo itinere pervenit ad Cásticum, Catamantaloedis filium. Castici pater regnum in Séquanis multos annos obtinuerat et ab senatu populi Romani amicus appellatus erat.
salvus sis, Cástice! comitare me ad Dumnorígem, principem Haeduorum. agitur de re, quae est magni ponderis!
salvus sis Orgétorix!
deinde ambo ad Haeduos equitantes colloquuntur . . .
e finibus nostris emigrare volumus. res ad proficiscendum necessarias iam praeparaturi sumus.
revera de re, quae est maximi momenti, dicis!
ad eas res conficiendas biennium nobis satis esse ducimus; in tertium annum profectionem lege confirmavimus.
tuo nobis auxilio opus est. regnum occupa in civitate tua, quod pater tuus ante obtinuerat.
mihi persuasisti, Orgétorix

interea duo nostri viri ad Dumnorígem, fratrem Diviciáci, qui eo tempore principatum in civitate obtinebat ac maxime plebi acceptus erat, pervenerunt . . .
salvus sis, Dúmnorix!
salvi sitis etiam vos, Orgétorix et Cástice!
nobis aliquid, quod est maximi momenti, tecum agendum est!
sequimini me! mihi locus remotus atque rebus secretis idoneus notus est.
dum hunc locum petunt, Orgétorix etiam Dumnorígi Haeduo persuadet, ut idem conetur atque Cásticus.
perfacile factu est conata perficere propterea, quod ipse meae civitatis imperium obtenturus sum. non est dubium, quin totius Galliae plurimum Helvetii possint; me meis copiis meoque exercitu vobis regna conciliaturum confirmo.
ut foedus sanciatur, filiam meam tibi in matrimonium dabo.
quod filiam mihi in matrimonium dare vis, maximo me honore afficis. consentio.
ecce locum, de quo dixi.
iuremus!
ita hac Orgetorígis oratione adducti inter se fidem et ius iurandum dant et regno occupato per tres potentissimos ac firmissimos populos totius Galliae sese potiri posse sperant.
clong!
IVRO
cari confoederati! domum revertamur, ut proposita perficiamus!
IIOO

3,5-3,8

ea res est ceteris Helvetiis per indicium enuntiata, qui consilia Ortegorígis oppugnant atque domum redeuntem hostilem in modum accipiunt . . .
proditi sumus!
comprendite eum!
ecce tyrannum!
ista quidem vis est! omnes certiores facite, qui rei nostrae faveant!
. . . et comprendunt. magistratus Helveticus Ortegorígi, quid ei eventurum sit, explanat.
fac taceas! comprensus es! moribus nostris ex vinculis tibi causa dicenda est. te damnatum poenam sequi oportet, ut igni cremeris.
sed nocte ante diem constitutam causae dictionis aliquis ex eius clientibus ad carcerem furtim accessit . . .
ad crástinum iudicium omnis tua familia, ad hominum milia decem, et omnes clientes obaeratique tui, quorum magnum numerum habes, hic convenient . . .
Orgétorix, cum mane postridie ad locum supplicii veheretur . . .
pereat usurpator!
iuste multabitur!
LIBERABIMVS TE, ORGETORIX!
. . . per omnes suos, ne causam diceret, se eripuit.
CRAC
vam

cum civitas ob eam rem incitata armis ius suum exsequi conaretur multitudinemque hominum ex agris magistratus cogerent, *proelium commissum est . . .*

. . . in quo Orgétorix mortuus est. neque abest suspicio, ut Helvetii arbitrantur, quin ipse sibi mortem consciverit.

post hanc excursionem ad tempus praesens redimus:
Caesar et cursor interea Padum prope Placentam raeda transvehuntur . . .
adhuc novis rebus studet ille Orgétorix?
Orgétorix mortuus est, mi imperator. post eius mortem nihilominus Helvetii id, quod constituerant, conantur . . .
ubi iam se ad eam rem paratos esse arbitrati sunt, oppida sua omnia numero ad duodecim, vicos ad quadringentos, reliqua privata aedificia incenderunt . . .
. . . frumentum omne, praeter quod secum portaturi erant, combusserunt, ut domum reditionis spe sublata paratiores ad omnia pericula subeunda essent;
ratione igitur terrae combustae usi sunt. hanc alii postea imitabuntur!
quod iam factum est: persuaserunt Raúracis et Tulingis et Latobrigis finitimis, uti eodem usi consilio oppidis suis vicisque exustis una cum iis proficiscerentur . . .
incita equos, raedarie!
. . . Boiosque, qui trans Rhenum incoluerant et in agrum Nóricum transierant Noreiamque oppugnabant, receptos ad se socios sibi adsciverunt.
clacc!
periculum in mora!

interea apud Helvetios: facta dictis cursoris congruere videntur. Dívico senex dolorem vincere non potest . . .
patria nostra pulcherrima incendio deletur. nonne terribile visu est, Nammei? et quid ad frumentum ardens?
trium mensium molita cibaria sibi quemque domo efferre iussimus. hoc satis est. quid tu censes, Verucloeti?
censeo nobis non quae praeterita, sed quae futura sint prospiciendum esse! ceterum denuo de itinere dicendum est.
hoc loco agmen Helveticum paulisper relinquimus, ut tabula adhibita cognoscamus, qua via Helvetiis eundum fuerit:
ERANTOMNINOITINERA DVO QVIBVS ITINERIBVS HELVETII DOMO EXIRE POSSENT VNVM PER SEQVANOS ANGVSTVMET DIFFICILE INTER MONTEM IVRAM ET FLVMEN RHODANVM VIX QVA SINGVLI CARRI DVCE-RENTVR MONS AVTEM ALTIS-SIMVS IMPENDEBAT VT FACILE PERPAVCI PROHIBERE POSSENT ALTERVM PER PROVINCIAM ROMANAM MVLTO FACILIVS ATQVE EX-PEDITIVS PROPTEREA QVOD INTER FINES HELVETIORVM ET ALLOBROGVM QVI NVPER PACATI ERANT RHODANVS FLVIT ISQVE NONNVLLIS LOCIS VADO TRANSITVR EXTREMVM OPPIDVM ALLO-BROGVM EST PROXIMVMQVE HELVETIORVM FINIBVS GENAVA EX EO OPPIDO PONS AD HELVETIOS PERTI-NET.
ut revertamur, unde digressi sumus, principibus prae agmine Helvetiorum equitantibus nos immiscemus . . .
ita est! nobis Rhódanus ponte Genavensi transeundus iterque per fines Allóbrogum faciendum est.
difficilius est iter per Séquanos.

Allóbroges cras nobis viam per fines suos concessuros spero.
nisi concedent, iter per provinciam Romanam per vim temptabimus.
interea exploratores Helvetii ab excursione redeunt . . .
ab excursione rediimus, Divico.
quid autem cognovistis?
Caesari cum nuntiatum esset *nos* per provinciam *Romanam* iter facere conari, maturat ab urbe *Roma* proficisci et quam maximis potest itineribus in Galliam ulteriorem contendit et ad Genávam pervenit.
legati nobis ad Caesarem mittendi sunt.
atque ita factum est: ubi de *Caesaris* adventu Helvetii certiores facti sunt, legatos ad eum mittunt nobilissimos civitatis, cuius legationis Nammeius et Verucloetius principem locum obtinebant, qui dicerent sibi esse in animo sine ullo maleficio iter per provinciam facere, propterea quod aliud iter haberent nullum.
ut prospere omnia vobis eveniant!
Caesar, qui interea Genávam pervenit, a praefecto oppidi salutatur, cursorem quidem dimittit . . .
AVIATICA PRIMA
salve!
acceptus venis, Caesar! eamus intro!

Caesar cum praefecto domum intrat.
refer mihi paucis verbis, quae apud Helvetios facta sint.
Helvetii iter per provinciam facere *volunt*.
omnibus rebus ad profectionem comparatis diem di*xerunt,* qua die ad ripam Rhódani omnes conven*irent*.
is dies erat a.d.V.Kal.Apr.L. Pisone A. Gabinio coss.
Varuccio! quibus nominibus vocantur, *qui* principem locum obtinent?
LOQVIMINI!
legati Helvetiorum tecum loqui cupiunt, imperator!
huius legationis Nammeius et Verucloetius principem locum obtine*nt*.
* ut etiam ii, qui non aliter atque Caesar linguae Celticae imperiti sunt, omnia intellegant, postea Varuccio verba Helvetiorum in Latinum convertet.
quid dicit, Varuccio?
dic*it* sibi esse in animo sine ullo maleficio iter per provinciam facere, propterea quod aliud iter habeant nullum; rogant, ut *tua* voluntate id sibi facere liceat.
dic legatis, diem *Caesarem* ad deliberandum sumpturum; si quid vel*int,* ad Id.Apr. revert*antur.*

6,4 7,1 7,3 7,6

ubi linguam Latinam didicisti, puer?
domino meo iam secundum annum servio, cuius familia me linguam Latinam docebat.
linguam nostram incredibili celeritate didicit. tuus est, si tibi placet.
maximas tibi gratias ago! sed ad rem revertamur!
quod legatis respondisti diem te ad deliberandum sumpturum, serione dixisti?
nullo modo! ut spatium intercedere posset, dum milites quos imperaveram convenirent, hoc respondi. provinciae toti enim quam maximum potest militum numerum imperavi – est omnino in Gallia ulteriore legio una.
at Helvetii Rhódanum per vim transire conabuntur!
pontem, qui est ad Genavam, rescindi iussi. a lacu Lemanno ad montem Iuram murum fossamque perducam.
quod Helvetiis iter per provinciam non concessisti, difficultates nobis afferet.
recte suspicaris. sed hoc concedendum non putabam, quod memoria teneo L. Cassium consulem occisum exercitumque eius ab Helvetiis pulsum et sub iugum missum . . .
. . . neque homines inimico animo, data facultate per provinciam itineris faciundi, temperaturos ab iniuria et maleficio existimo.
sed satis de hoc! sequere me, Varuccio, in castra legionis!

paulo post: Caesar ea legione, quae in Gallia ulteriore erat, militibusque, qui ex provincia convenerant, a lacu Lemanno ad montem Iuram murum fossamque perducit . . .
altius fodite! murus in altitudinem pedum sedecim exstruendus est!
. . . quem in praetorio cum illo puero Gallico se delectare credo.
vix ille novus proconsul huc pervenit, cum nobis in servorum modum laborandum est . . .
qui fidit, fodit.

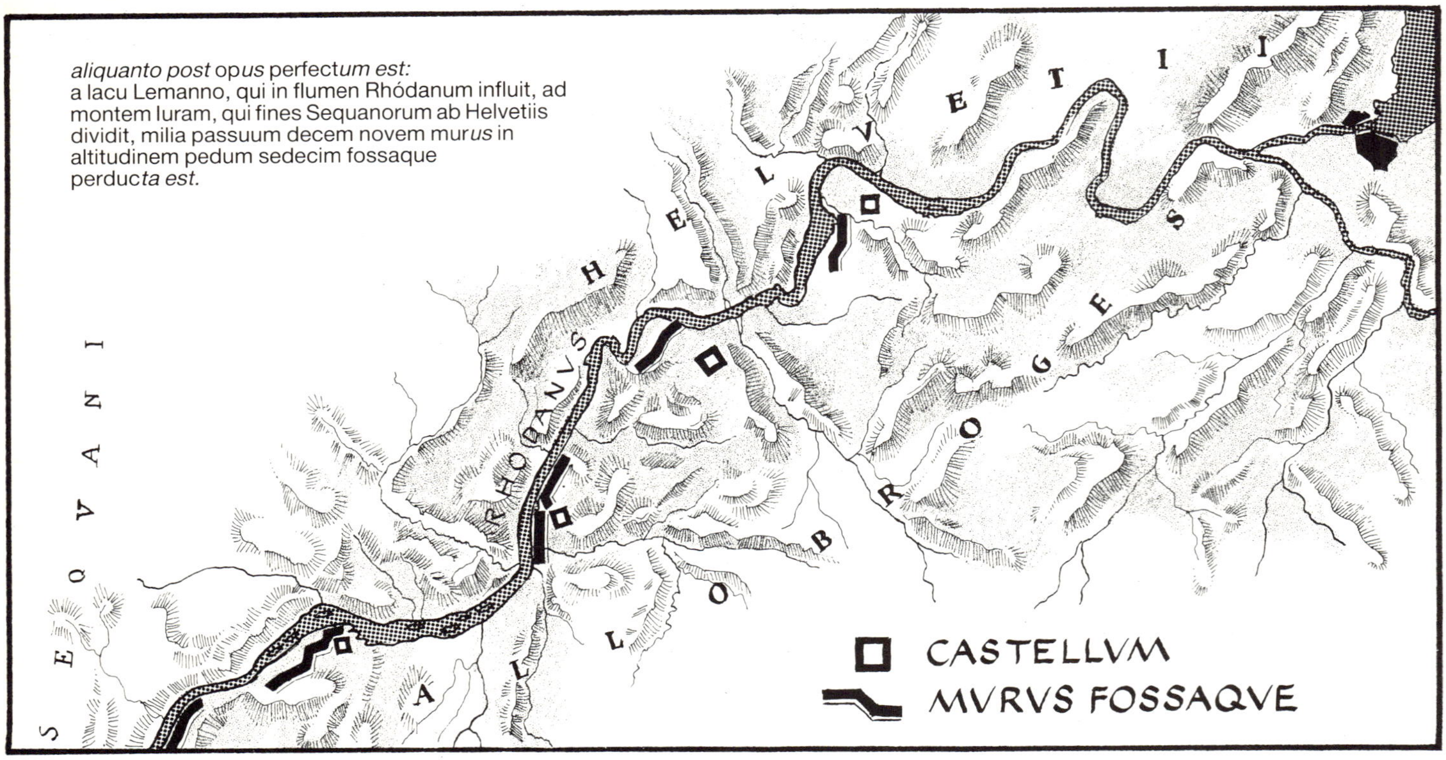
aliquanto post opus perfectum est: a lacu Lemanno, qui in flumen Rhódanum influit, ad montem Iuram, qui fines Sequanorum ab Helvetiis dividit, milia passuum decem novem murus in altitudinem pedum sedecim fossaque perducta est.
SEQVANI
HELVETII
RHODANVS
ALLOBROGES
CASTELLVM
MVRVS FOSSAQVE

tum Caesar in praetorio cum legatis consultat, quae praeterea facienda sint.
eo opere perfecto praesidia disponemus, castella communiemus, quo facilius, si nobis invitis Helvetii transire conentur, prohibere possimus.

ave, Caesar! legati Helvetiorum tecum loqui cupiunt.

Caesar enim legatis Helvetiorum, qui iam prius eum adierant, dixit, si quid vellent, ad Id. Apr. reverterentur. ubi ea dies, quam constituerat cum legatis, venit, legati ad eum reverterunt . . .
converte in Latinum, Varuccio!
dicunt hodie diem constitutam adesse. scire volunt, num Caesar sibi iter per provinciam concedat.
dic eis: Caesar negat se more et exemplo populi Romani posse iter ulli per provinciam dare et, si vim facere conentur, prohibiturum . . .
quod Caesar Helvetios de spe itineris per provinciam faciundi deiecerit, se gravissima ira incensos esse, praesertim cum ab eo decepti essent. ita Helvetiis iter per vim faciendum esse.

7,6 8,3

quae fecerunt: Helvetii ea spe deiecti navibus iunctis ratibusque compluribus factis alii vadis Rhódani, qua minima altitudo fluminis erat, nonnumquam interdiu . . .
. . . saepius noctu si perrumpere possent conati . . .
. . . operis munitione et militum concursu et telis repulsi hoc conatu de-stitérunt
hac ipsa nocte Helvetii concilium agunt . . .
ceterum censeo nobis in patriam redeundum esse!
animum ne demittamus! tamen relinquitur una per Séquanos via . . .
. . . qua Séquanis invítis propter angustias ire non possumus!
Dúmnorix Séquanis persuadebit.
ita est! Séquanis cum nostra sponte persuadere non possimus, legatos ad Dumnorígem Haeduum mittamus, ut eo deprecatore a Séquanis impetremus.
Dúmnorix gratia et largitione apud Séquanos plurimum potest . . .

... praeterea nobis amicus est, quod ex nostra civitate Orgetorígis filiam in matrimonium duxit. cupiditate regni adductus novis rebus studet et quam plurimas civitates suo beneficio habere obstrictas vult.
fiat quidem! legati ad Haeduos mittantur. triduo post huc conveniamus, ut, quae impetraverint, cognoscamus.
et post triduum ...
Dúmnorix rem suscepit et a Séquanis impetravit, ut per fines suos nos ire paterentur, obsidesque uti inter sese darent perfecit: Séquani, ne itinere Helvetios prohiberent, Helvetii, ut sine maleficio et iniuria transirent.
VIVAT HELVETIA
10000
11000!
unus pro omnibus – omnes pro uno!
clam ad Romanos transfugiam.
aliquanto post transfuga quidam ad Romanos pervenit ...
quid dicit, Varuccio?
dicit Helvetiis esse in animo per agrum Sequanorum et Haeduorum iter in Sántonum fines facere, qui non longe a Tolosatium finibus absunt, quae civitas est in provincia Romana.
legatus Caesaris nomine Considius verbis transfugae haec adicit:
GALLIA
Santoni
at fines Sántonum a Tolosatium plus centum milibus passuum absunt!? ergo in finibus suis, unde emigrare volunt, propius a provincia Romana absunt.

tacedum Considi! tabulae nostrae parum accuratae sunt. Helvetii iter in Sántonum fines facere volunt. id si fiet, intellego magno cum periculo provinciae futurum, ut homines bellicosos, populi Romani inimicos, locis patentibus maximeque frumentariis finitimos habeam.
recte quidem intellegis, imperator.
ob eas causas ei munitioni, quam feci, te, T. Labiene, legatum praeficiam; ipse in Italiam contendam, ut supplementum arcessam.
fiant, quae iubes, mi imperator!
Caesar, ut supra dixit, ipse in Italiam magnis itineribus contendit . . .
festinemus! periculum in mora!
. . . duasque ibi legiones conscribit . . .
dabuntne aliquid in antecessum?
NOVISSIMIS ARMIS INSTRVERIS
qui vocaris? quot annos natus es?
tandem meis prospicere potero.
CAESAR VVLT ETTE
MORTVVM ESSE QVAM FLAVVM PRAESTAT
brevi redibimus!
desine urgere!
. . . et tres, quae circum Aquileiam hiemabant, ex hibernis educit . . .
citato gradu!
TARATANTARA
vale, mi fili!
fac integer redeas!

. . . et qua proximum iter in ulteriorem Galliam per Alpes erat, cum his quinque legionibus ire contendit.
GRAIOCELI
CEVTRONES
CATVRIGES
in Alpibus Céutrones et Graióceli et Caturíges locis superioribus occupatis itinere exercitum prohibere conantur.
illuc redite, unde venistis!
periculum supra caput tuum!
tuemini impedimenta!
VAEEEE!!
OCELVM FINIS GALLIAE CISALPINAE
pereant invasores Romani!
Romanus non bonus nisi mortuus!
Caesar compluribus his proeliis pulsis . . .
. . . ab Ócelo, quod est citerioris provinciae extremum *oppidum,* in fines Vocontiorum ulterioris provinciae die septimo pervenit.
vobis hac ipsa via redeundum est!
revertimini, Romani!
nostrae quidem aquilae sincerae sunt!
aufugite!
vos ego!
redibimus!
inde in Allóbrogum fines, ab Allobrogibus in Segusiávos exercitum ducit.
hi sunt extra provinciam trans Rhódanum primi.
SEGVSIAVI
ALLOBROGES
CEVTRONES

interea Helvetii iam per angustias et fines Sequanorum suas copias traduxerant et in Haeduorum fines pervenerant eorumque agros populabantur.
paulo post in praetorio, ubi Caesar res suas gestas atque consilia scribae dictaturus est, cum custodes intrant . . .
quisnam Caesarem dictantem interpellare audet?
intrent!
ave, imperator! Haedui, cum se suaque ab Helvetiis defendere non possint, legatos ad te mittunt rogatum auxilium.
VARUCCIO..
nomen eius Diviciácus est. dicit ita Haeduos omni tempore de populo Romano meritos esse, ut paene in conspectu exercitus nostri agri vastari, liberi eorum in servitutem abduci, oppida expugnari non debeant.
dic eis Caesarem auxilium laturum.
ave! altera legatio te petit, imperator!
revera eodem tempore Ambarri, necessarii et consanguinei Haeduorum, legatos ad Caesarem mittunt rogatum auxilium . . .
Ambarri te certiorem facere volunt sese depopulatis agris non facile ab oppidis vim hostium prohibere.
Caesar vos contra Helvetios adiuvabit.

item Allóbroges, qui trans Rhódanum vicos possessionesque habebant, fuga se ad Caesarem recipiunt . . .
quid dixit, Varuccio?
demonstrat sibi praeter agri solum nihil esse reliqui.
Caesar scribae dictitat, quae legati civitatum dixerunt quaeque respondit.
inscribe litteris senatui mittendis . . .
QVIBVS REBVS ADDVCTVS CAESAR NON EXSPECTANDVM SIBI STATVIT DVM OMNIBVS FORTVNIS SOCIORVM CONSVMPTIS IN SANTONOS HELVETII PERVENIRENT
interea Helvetii noctu ad Árarim pervenerunt, quod flumen per fines Haeduorum et Sequanorum in Rhódanum influit.
ecce Arar flumen!
Arar hic in Rhódanum influit incredibili lenitate, ita ut oculis in utram partem fluat iudicari non possit.
Helvetii ratibus ac lintribus iunctis transibant. quod in occulto fieri non potuit . . .
HELVETII ARARIM TRANSEVNTES
EXPLORATORES ROMANI
ARAR FLVMEN
LVGDVNVM
RHODANVS FLVMEN
MARE INTERNVM
CASTRA CAESARIS
Caesarem certiorem faciamus!

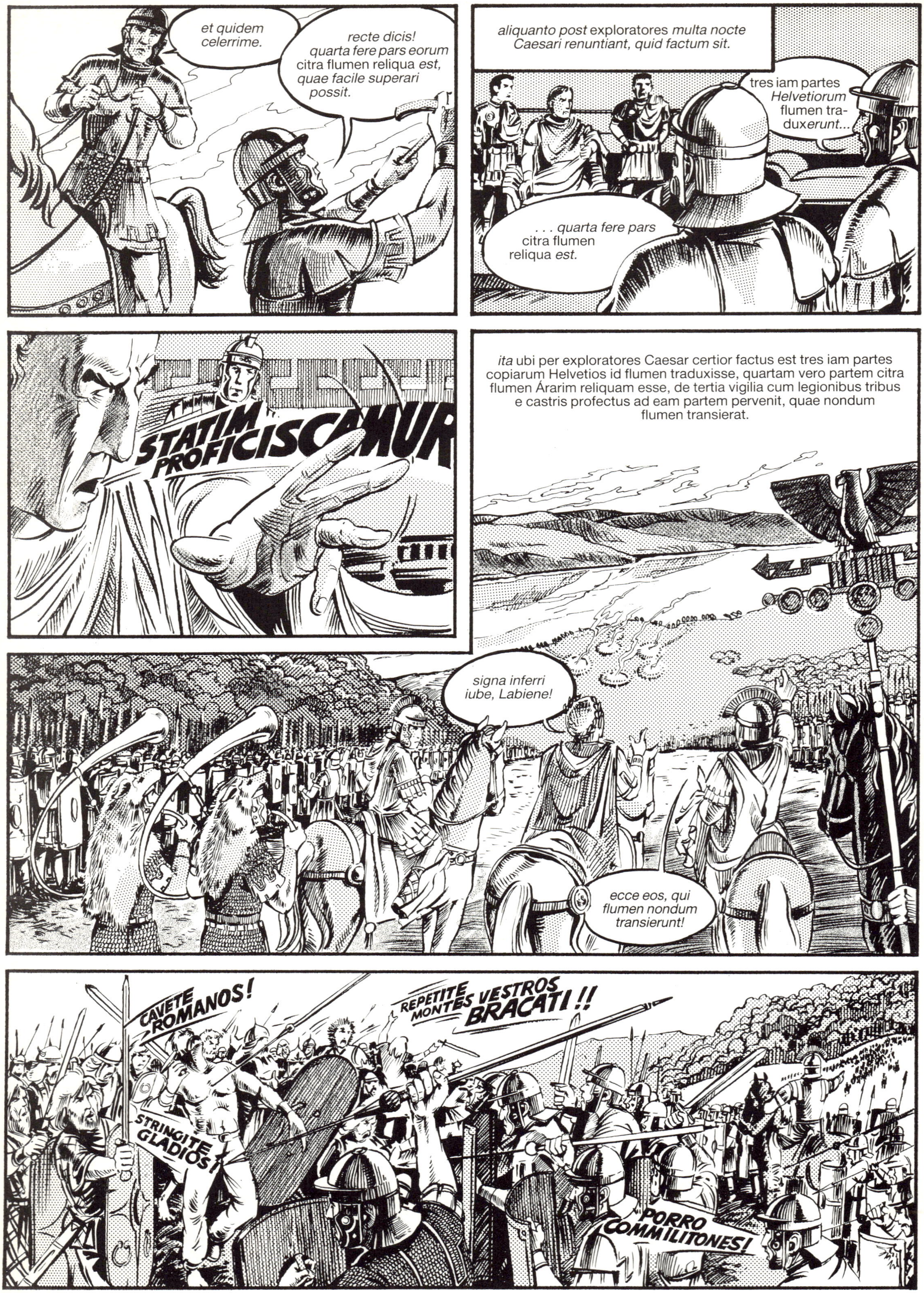
et quidem celerrime.
recte dicis! quarta fere pars eorum citra flumen reliqua est, quae facile superari possit.
aliquanto post exploratores multa nocte Caesari renuntiant, quid factum sit.
tres iam partes Helvetiorum flumen traduxerunt...
. . . quarta fere pars citra flumen reliqua est.
STATIM PROFICISCAMUR
ita ubi per exploratores Caesar certior factus est tres iam partes copiarum Helvetios id flumen traduxisse, quartam vero partem citra flumen Ărarim reliquam esse, de tertia vigilia cum legionibus tribus e castris profectus ad eam partem pervenit, quae nondum flumen transierat.
signa inferri iube, Labiene!
ecce eos, qui flumen nondum transierunt!
CAVETE ROMANOS!
REPETITE MONTES VESTROS BRACATI!!
STRINGITE GLADIOS!
PORRO COMMILITONES!

hoc modo Caesar Helvetios impeditos et inopinantes adgressus magnam partem Helvetiorum concidit; reliqui sese fugae mandarunt atque in proximas silvas abdiderunt . . .
aufugite!
eiii!
instemus!
hoc habet!
maxima pars eorum, quos occidimus atque fugavimus, pagi Tigurini sunt.
mirum quidem dicis! qua in re non solum publicas, sed etiam privatas iniurias ultus sum, quod mei soceri L. Pisonis avum, L. Pisonem legatum, Tigurini eodem proelio, quo consulem Cassium inferfecerant.*
*anno CVII a.Chr.n.
Caesar in tentorio scribae dictaturus est . . .
scribe: omnis civitas Helvetia in quattuor partes vel pagos est divisa. pagus Tigurinus, cum domo exisset . . .
. . . . PATRVM NOSTRORVM MEMORIA L. CASSIVM CONSVLEM INTERFECERAT ET EIVS EXERCITVM SVB IVGVM MISE- RAT. ITA SIVE CASV SIVE CONSILIO DEO- RVM IMMORTALIVM QVAE PARS CIVITA- TIS HELVETIAE INSIGNEM CALAMITATEM POPVLO ROMANO INTVLERAT EA PRINCEPS POENAS PERSOLVIT

Caesar hoc proelio facto reliquas copias Helvetiorum ut consequi posset, pontem in Árari faciendum curat atque ita exercitum traducit . . .
Helvetii repentino eius adventu commoti *sunt*, . . .
quod *nosmet* ipsi diebus XX aegerrime confec*imus*, ut flumen transire*mus*, ill*e* uno die fecit.
legatos ad eum mitt*amus!*
paulo post Divico per interpretem ita cum Caesare egit:
cuius legationis Divico princeps *esto!*
esto! quia iam bello Cassiano dux Helvetiorum fu*isti.*
si pacem populus Romanus cum Helvetiis faceret, in eam partem ituros atque ibi futuros Helvetios, ubi eos Caesar constituisset atque esse voluisset; sin bello persequi perseveraret, reminisceretur et veteris incommodi populi Romani et prístinae virtutis Helvetiorum.

13,1-13,4

quod improviso unum pagum adortus esset, cum ii, qui flumen transissent, suis auxilium ferre non possent, ne ob eam rem aut suae magnopere virtuti tribueret aut ipsos despiceret.
se ita a patribus maioribusque didicisse, ut magis virtute quam dolo contenderent aut insidiis niterentur.
quare ne committeret, ut is locus, ubi constitissent, ex calamitate populi Romani et internecione exercitus nomen caperet aut memoriam proderet.
his Caesar ita respondet:
eo sibi minus dubitationis dari, quod eas res, quas legati Helvetii commemoraverint, memoria teneat, atque eo gravius ferre, quo minus merito populi Romani acciderint.
qui si alicuius iniuriae sibi conscius fuisset, non fuisse difficile cavere; sed eo deceptum, quod neque commissum a se intellegeret, quare timeret neque sine causa timendum putaret.
quod si veteris contumeliae oblivisci vellet, num etiam recentium iniuriarum, quod eo invito iter per provinciam per vim temptassent, quod Haeduos, quod Ambarros, quod Allobroges vexassent, memoriam deponere posse?
quod sua victoria tam insolenter glorientur quodque tam diu se impune iniurias tulisse admirentur, eodem pertinere.
consuesse enim deos immortales, quo gravius homines ex commutatione rerum doleant, quos pro scelere eorum ulcisci velint, his secundiores interdum res et diuturniorem impunitatem concedere.

13,5-14,5

cum ea ita sint, tamen si obsides ab iis sibi dentur, uti ea, quae polliceantur, facturos intellegat, et si Haeduis de iniuriis, quas ipsis sociisque eorum intulerint, item si Allobrogibus satisfaciant, sese cum iis pacem esse facturum.
Dívico respondit:
ita Helvetios a maioribus suis institutos esse, uti obsides accipere, non dare consuerint; eius rei populum Romanum esse testem.
hoc responso dato *Dívico* discessit . . .
observandum est nobis, quo se vertant.
postero die *Helvetii* castra ex eo loco movent. idem facit Caesar equitatumque omnem, ad numerum quattuor milium, quem ex omni provincia et Haeduis atque eorum sociis coactum habebat, praemittit, qui videant, quas in partes hostes iter faciant.
HELVETII
GENAVA
LVGDVNVM
ROMANI
GALLIA
TRANSALPINA
RHODANVS
MASSILIA
equitatus Romanorum cupidius novissimum agmen insecuti alieno loco cum equitatu Helvetiorum proelium committunt, et pauci de nostris cadunt.
ecce Dumnorígem fugientem!
aufugiamus! nimis multi sunt!
VAAEEE

deinde ita Helvetii dies circiter quindecim iter fecerunt, uti inter novissimum eorum agmen et Romanorum primum non amplius quinis aut senis milibus passuum interesset . . .
Helvetii victoria equitum sublati erant . . .
quingentis tantum equitibus tantam multitudinem equitum Romanorum propulimus!
equites nostri Romanos proelio lacessant!
itaque audacius subsistere nonnumquam et novissimo agmine proelio Romanos lacessere coeperunt . . .
at Caesar suos a proelio continebat . . .
satis est in praesentia hostem rapinis pabulationibusque prohibere!
fiat ita!
interea manus Romanorum frumentum comparare studet. sed propter frigora – quod Gallia sub septentrionibus posita est – non modo frumenta in agris matura non erant, sed ne pabuli quidem satis magna copia suppetebat . . .
frumentum omnino immaturum est.
etiam pabulum immaturum est.
sine commeatu in castra redibimus
aliquanto post qui frumentum comparare iussi erant ad Caesarem redierunt.
nihil quidem reperiebamus.
calami nondum alti sunt.
nonne tandem frumentum adest, quod Haeduos cotidie flagitabam quodque erant publice polliciti?
fortasse tanti . . .
eo autem frumento, quod flumine Árari navibus subvehi iussi, propterea minus uti possum, quod iter ab Árari Helvetii averterunt, a quibus discedere nolo.
se frumentum imperatum exhibere non posse simulare videntur.
diem ex die ducunt Haedui: conferri, comportari, adesse dicunt.
revera nos decipere videntur.

dies instat, quo die frumentum militibus metiri oportet. convoca principes* Haeduorum, Labiene!
dictum factum, o Caesar!
* quorum magnam copiam Caesar in castris habebat.
paucis diebus post convocatis Haeduorum principibus, in his Diviciáco et Lisco, qui summo magistratui praeerat . . .*
Caesar graviter vos accusat . . .
* quem vergóbretum appellant Haedui, qui creatur annuus et vitae necisque in suos habet potestatem.
. . . quod cum neque emi neque ex agris sumi possit, tam necessario tempore, tam propinquis hostibus a vobis non sublevetur, praesertim cum magna ex parte vestris precibus adductus bellum susceperit. multo etiam gravius, quod sit destitutus, queritur.
tum demum Liscus oratione Caesaris adductus, quod ante tacuerat, proponit . . .
Liscus dicit esse nonnullos, quorum auctoritas apud plebem plurimum valeat, qui privatim plus possint quam ipsi magistratus.
hos seditiosa atque improba oratione multitudinem deterrere, ne frumentum conferant, quod debeant;
praestare, si iam principatum Galliae obtinere non possint, Gallorum quam Romanorum imperia perferre;

Dumnorix!
neque dubitare debeant, quin si Helvetios superaverint, Romani una cum reliqua Gallia Haeduis libertatem sint erepturi. ab isdem *vestra* consilia quaeque in castris gerantur, hostibus enuntiari;
hos a se coerceri non posse. quin etiam, quod necessariam rem coactus Caesari enuntiarit, intellegere sese, quanto id cum periculo fecerit . . .
hac oratione Lisci Dumnorígem Diviciáci fratrem, designari sentio, sed quod pluribus praesentibus eas res iactari nolo, celeriter concilium dimitt*am*, Liscum retine*bo*.
. . . et ob eam causam quamdiu potuerit tacuisse.
omnes Galli praeter Liscum discedant!
Caesar quaerit ex solo ea, quae in conventu dixerat. *Liscus* dicit liberius atque audacius.
dicit ipsum esse Dumnorígem, summa audacia, magna apud plebem propter liberalitatem gratia, cupidum rerum novarum.
compluris annos portoria reliquaque omnia Haeduorum vectigalia parvo pretio redempta habere, propterea quod illo licente contra liceri audeat nemo. his rebus et suam rem familiarem auxisse et facultates ad largiendum magnas comparasse;
magnum numerum equitatus suo sumptu alere et circum se habere.
Caesari haec Lisci verba audienti terribilia quidem in mentem veniunt.
neque solum domi, sed etiam apud finitimas civitates largiter posse atque huius potentiae causa matrem in Biturigibus homini illic nobilissimo ac potentissimo conlocasse. ipsum ex Helvetiis uxorem habere, sororem ex matre et propinquas suas nuptum in alias civitates conlocasse.

favere et cupere Helvetiis propter eam adfinitatem, odisse etiam suo nomine Caesarem et Romanos, quod eorum adventu potentia eius deminuta et Diviciácus frater in antiquum locum gratiae atque honoris sit restitutus.
si quid accidat Romanis, summam in spem per Helvetios regni obtinendi venire. imperio populi Romani non modo de regno, sed etiam de ea quam habeat gratia desperare.
animo Caesaris hoc audientis simulacrum immane apparet . . .
reperiebat etiam in quaerendo Caesar, quod proelium equestre adversum paucis ante diebus esset factum . . .
. . . initium eius fugae factum *esse* ab Dumnoríge atque eius equitibus – nam equitatui, quem auxilio Caesari Haedui mis*issent,* Dumnorígem prae*fuisse –;* eorum fuga reliquum esse equitatum perterritum.
eadem secreto ab aliis quaerit; reperit esse vera.
quibus rebus cognitis *Caesar consilium cum suis habet . . .*
ad has suspiciones certissimae res acced*unt,* quod per fines Sequanorum Helvetios Dúmnorix tradux*it,* quod obsides inter eos dandos cura*vit,* quod ea omnia non modo iniussu *Caesaris* et civitatis, sed etiam inscientibus ipsis fec*it,* quod a magistratu Haeduorum accusa*batur.*
satis esse causae arbitr*or,* quare in eum aut ipse animadver*tam* aut civitatem animadvertere iube*am.*

his omnibus rebus unum repugnat . . .
itaque celerrime e medio tollendus est!
. . . quod Diviciáci fratris summum in populum Romanum studium, summam in me voluntatem, egregiam fidem, iustitiam, temperantiam cognovi; ne eius supplicio Diviciáci animum offendam, vereor.
itaque Caesar priusquam quicquam conetur, Diviciácum ad se vocari iubet et cotidianis interpretibus remotis per C. Valerium Troucillum, principem Galliae provinciae, familiarem suum, cui summam omnium rerum fidem habet, cum eo conloquitur.
salvus sis, imperator Romane!
salve, Diviciáce!
salve, Troucille!
Caesar te, Diviciáce, commonefacit, quae te ipso praesente in concilio Gallorum de Dumnorige sint dicta. simul tibi ostendere vult, quae separatim quisque de eo apud eum dixerit.
petit atque hortatur ut sine tui offensione animi vel ipse de Dumnorige causa cognita statuat vel civitatem statuere iubeat.
Diviciácus multis cum lacrimis Caesarem complectitur . . .
Diviciácus te obsecrat, ne quid gravius in fratrem statuas: scire se illa esse vera, nec quemquam ex eo plus quam se doloris capere, propterea quod, cum ipse gratia plurimum domi atque in reliqua Gallia, ille minimum propter adulescentiam potuerit, per se creverit. quibus opibus ac nervis non solum ad minuendam gratiam, sed paene ad perniciem suam utatur.
sese tamen amore fraterno et existimatione vulgi commoveri. quod si quid illi a te gravius acciderit, cum ipse eum locum amicitiae apud te teneat, neminem existimaturum non sua voluntate factum. qua ex re futurum, uti totius Galliae animi a se avertantur.
haec cum Diviciácus pluribus verbis flens a Caesare peteret, Caesar eius dextram prendit; consolatus rogat, finem orandi faciat . . .
Caesar tanti tuam apud se gratiam esse ostendit, uti et rei publicae iniuriam et suum dolorem tuae voluntati ac precibus condonet.

deinde Caesar Dumnorígem ad se vocat, fratrem adhibet . . .
Caesar te vehementer reprehendit. omnia facinora tua intellexit; quae civitas queratur tibi proponere vult . . .
postea Caesar scribae alicui quae gesta sint dictat . . .
quae in Dumnoríge reprehenderem, ostendi; quae ipse intellegerem, quae civitas quereretur proposui; monui, ut in reliquum tempus omnes suspiciones vitaret; praeterita me Diviciáco fratri condonare dixi . . .
QVAE IN EO REPREHENDAT OSTENDIT
QVAE IPSE INTELLEGAT QVAE CIVI-
TAS QVERATVR PROPONIT MONET
VT IN RELIQVVM TEMPVS OMNES
SVSPICIONES VITET PRAETERITA
SE DIVICIACO FRATRI CONDONA-
RE DICIT DVMNORIGI CVSTODES
PONIT VT QVAE AGAT QVIBVS
CVMQVE LOQVATVR SCIRE POSSIT
ave, Caesar! habemus, quod a nobis tibi referendum sit.
QUID HABETIS
te certiorem facimus hostes sub monte consedisse milia passuum ab nostris castris octo
de hac re certior factus Caesar, qualis esset natura montis et qualis in circuitu ascensus, qui cognoscerent, misit . . .
redite, ut cognoscatis, qualis sit natura montis et qualis in circuitu ascensus!
cognoscemus!
post nonnullas horas exploratores redeunt atque renuntiant . . .
ducite Labienum cum duabus legionibus ad illum montem, ubi facile ascendi potest!
ascensus facilis est!

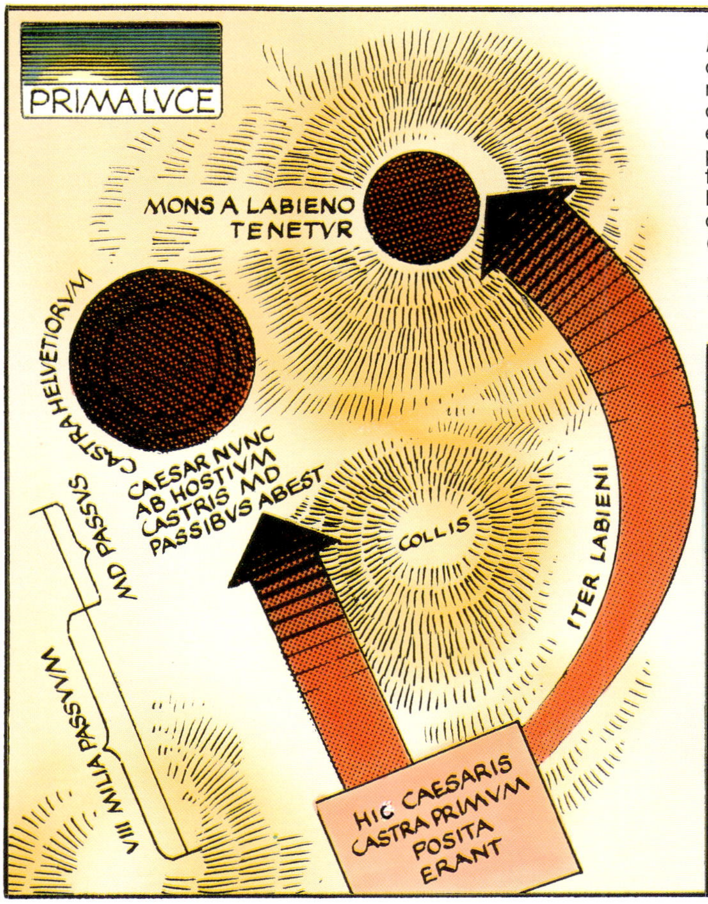

ita Caesar de tertia vigilia T.Labienum legatum pro praetore cum duabus legionibus et iis ducibus, qui iter cognoverant, summum iugum montis ascendere iubet; quid sui consilii esset, ostend*erat.* ipse de quarta vigilia eodem itinere, quo hostes ierant, ad eos contendit equitatumque omnem ante se mittit. P.Considius, qui rei militaris peritissimus habebatur, et in exercitu L.Sullae* et postea in M.Crassi** fuerat, cum exploratoribus praemittitur. prima luce summus mons a Labieno tene*tur, Caesar* ipse ab hostium castris non longius mille et quingentis passibus abes*t* neque, ut postea ex captivis comperit, aut *Caesaris* ipsius adventus aut Labieni cognitus *erat . . .*

* *L.C. Sulla summum imperium usque ad LXXXVI a.Chr.n. annum obtinuit.*
** *M.Licinius Crassus anno a.Chr.n.LXXI Spártacum devicit atque anno a.Chr.n. LIII in bello Parthico occidit.*

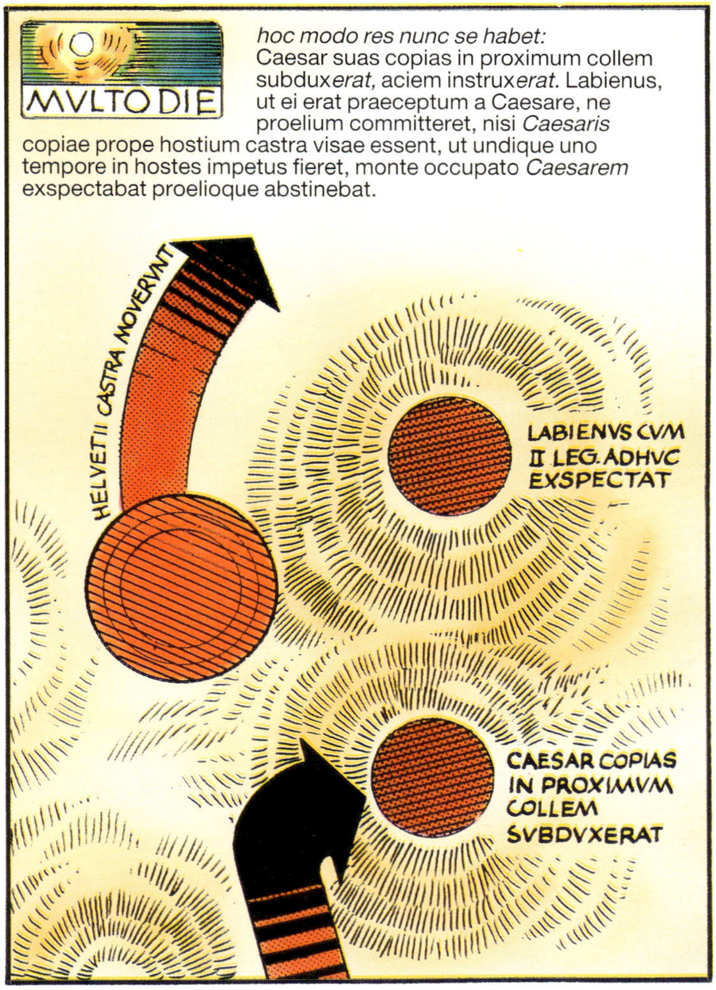

multo denique die per exploratores Caesar cognovit, *quid accidisset* . . .
cognovi*mus* et montem ab *nostris* teneri et Helvetios castra movisse et Considium timore perterritum, quod non vid*erat,* pro viso *tibi* renuntiavisse.
itaque eo die quo consueverat intervallo hostes sequitur . . .
. . . et milia passuum tria ab eorum castris castra ponit.
ille Considius miserrime se gessit- gradu deicietur.
ave, Caesar! velim me, praefectum rei frumentariae, audias.
in praetorio
omnino biduum super*est,* cum exercitui frumentum metiri oporte*at. sed frumentum nos defecit.*
celerrime ergo rei frumentariae prospiciendum *est.* iter ab Helvetiis avert*am* ac Bibracte ire contend*am,* quod a*b hoc* oppido Haeduorum longe maximo et copiosissimo non amplius milibus passuum XVIII ab*sumus.*

hoc ipso tempore nonnulli Gallorum equites fugiebant, ut hanc rem Helvetiis renuntiarent . . .
eho! retinete eos!
fugitivi L. Aemilii, decurionis equitum Gallorum, sunt. eam rem hostibus renuntiare volunt.
certe omnia audiverunt. eos capi atque morte multari iubebo.
velim postea clementia Caesaris laudetur!
mitte eos! cras Bibracte proficiscemur.
itaque Caesar iter ab Helvetiis avertit ac Bibracte ire contendit.
interea equites Gallorum ad Helvetios pervenerunt atque omnia, quae audiverant, renuntiant . . .
Romanos frumentum defecit. itaque Bibracte contendunt.
clade ab equitibus nostris accepta animo defecisse videntur!?
Romani, si frumento carentes commeatu prohibebuntur, animos omnino demittent, nos autem nulla re turbati iter pergere possumus.
bene suades, Dívico. ratione commutata Romanos aggrediamur.
Helvetii seu quod timore perterritos Romanos discedere a se existimarent, eo magis quod pridie superioribus locis occupatis proelium non commisissent, sive eo quod re frumentaria intercludi posse confiderent, commutato consilio atque itinere converso . . .
ROMANI
HELVETII

. . . Romanos a novissimo agmine insequi ac lacessere coeperunt.
instemus!
VIHIHI
VIHIHI
paulo post nonnulli equites Romanorum Caesari renuntiant, quae apud novissimum Romanorum agmen geruntur . . .
Helvetii novissimum agmen insequuntur ac lacessunt!
Caesar tum omnia ad certamen supremum administranda putavit . . .
Labiene, copias in proximum collem subducamus!
magister equitum, fac equis citatis novissimo agmini subsidio venias!
interea Caesar copias hoc modo constituerat: copias suas in proximum collem subduxerat equitatumque, qui sustineret hostium impetum, miserat. ipse interim in colle medio triplicem aciem instruxit legionum quattuor veteranorum;
in summo iugo duas legiones, quas in Gallia citeriore proxime conscripserat, et omnia auxilia conlocari, ita uti supra se totum montem hominibus compleret, interea sárcinas in unum locum conferri et eum ab his, qui in superiore acie constiterant, muniri iussit.

Helvetii cum omnibus suis carris secuti impedimenta in unum locum contulerunt;
ipsi confertissima acie reiecto Romanorum equitatu . . .
. . . phalange facta sub primam Romanorum aciem successerunt.
ante proelium Caesar suos cohortatus est:
primum meum, deinde omnes vestros equos ex conspectu removebo, ut aequato omnium periculo nobis spes fugae tollatur!
ita Caesar primum suo, deinde omnium ex conspectu remotis equis, ut aequato omnium periculo spem fugae tolleret, cohortatus suos proelium commisit . . .
signa inferte in eos!

milites *Romanorum* e loco superiore pilis missis facile *Helvetiorum* phalangem perfregerunt . . . *eorum phalange* disiecta *Romani* gladiis districtis in eos impetum fecerunt. Gallis magno ad pugnam erat impedimento, quod pluribus eorum scutis uno ictu pilorum transfixis et conligatis, cum ferrum se inflexisset, neque evellere neque sinistra impedita satis commode pugnare poterant, multi ut diu iactato bracchio praeoptarent scuta e manu emittere et nudo corpore pugnare.
PVGNA COMMISSA EST!
instemus!
eiii!
animum ne demittamus!
Vaeee
ne desperaveritis!
vulneribus defessi *in illum* mont*em nos* recipi*amus!*
ita Helvetii tandem vulneribus defessi et pedem referre et, quod mons suberat circiter mille passuum, eo se recipere coeperunt.

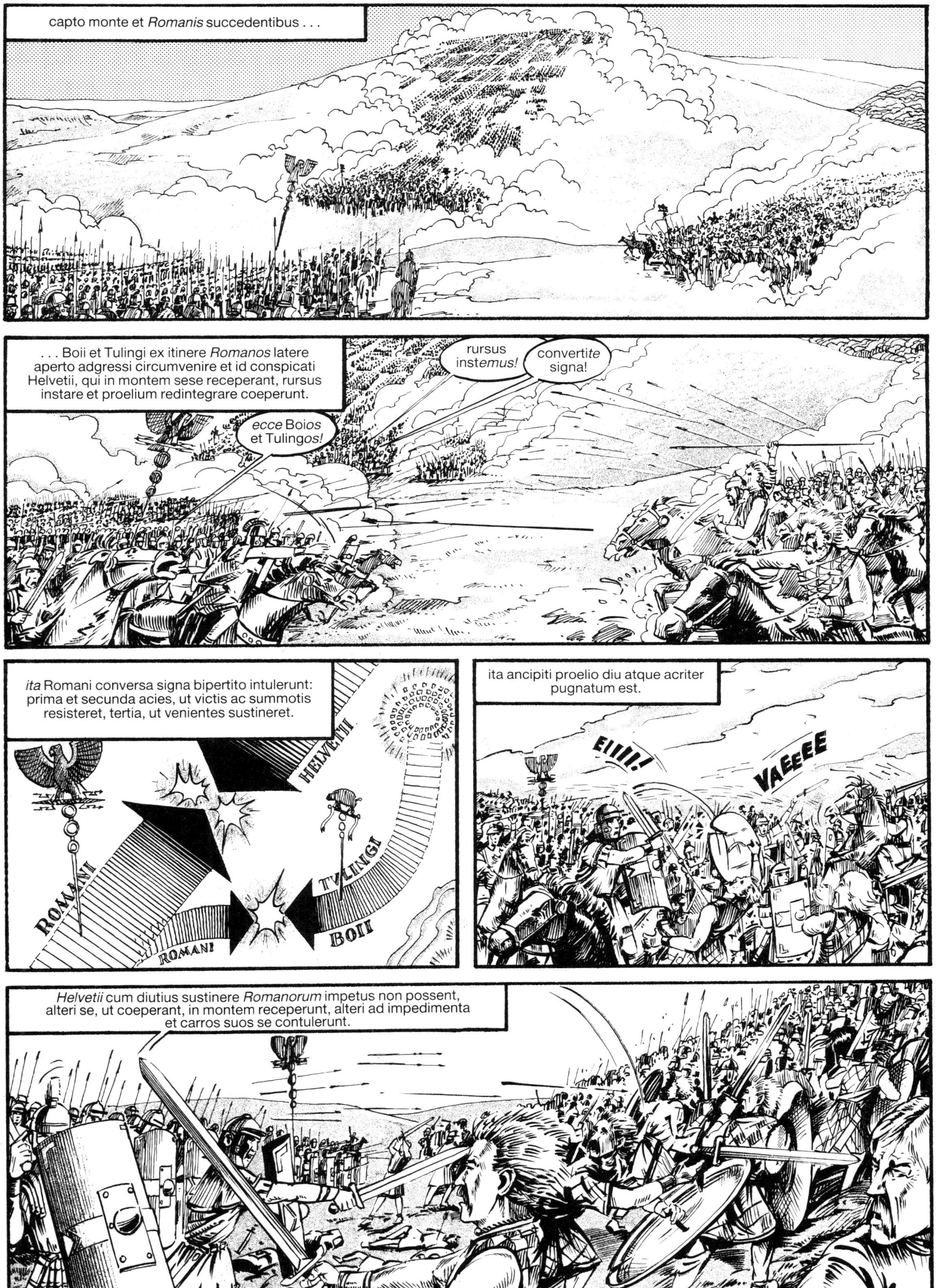
capto monte et Romanis succedentibus . . .
. . . Boii et Tulingi ex itinere Romanos latere aperto adgressi circumvenire et id conspicati Helvetii, qui in montem sese receperant, rursus instare et proelium redintegrare coeperunt.
rursus instemus!
convertite signa!
ecce Boios et Tulingos!
ita Romani conversa signa bipertito intulerunt: prima et secunda acies, ut victis ac summotis resisteret, tertia, ut venientes sustineret.
HELVETII
ROMANI
TULINGI
BOII
ROMANI
ita ancipiti proelio diu atque acriter pugnatum est.
EIIII!!
VAEEEE
Helvetii cum diutius sustinere Romanorum impetus non possent, alteri se, ut coeperant, in montem receperunt, alteri ad impedimenta et carros suos se contulerunt.

ad multam noctem etiam ad impedimenta pugnatum est, propterea quod Helvetii pro vallo carros obiecerant et e loco superiore in Romanos venientes tela coniciebant et nonnulli inter carros rotasque mátaras ac trágulas subiciebant Romanosque vulnerabant.
diu cum esset pugnatum, impedimentis castrisque Romani potiti sunt. ceterum hoc toto proelio, cum ab hora septima ad vesperum pugnatum sit, aversum hostem videre nemo potuit!
ibi Orgetorígis filia atque unus e filiis captus est . . .
quinam sunt hi captivi?
Orgetorigis filia atque unus e filiis.
nuntii aliqui Caesarem adeunt . . .
ex eo proelio circiter milia hominum CXXX superfuerunt eaque tota nocte continenter ierunt . . .
propter vulnera militum et propter sepulturam occisorum eos hoc tempore persequi non possumus.

* *Quis crederet hoc signum iam diu usitatum fuisse . . .*

Caesar triduo intermisso cum omnibus copiis Helvetios sequi coepit . . .
interea Helvetii ad Lingonas pervenerunt . . .
. . . a quibus auxilium petunt . . .
nobis opus est frumento atque aliis rebus!
Caesar nobis litteris interdixit, ne vos adiuvaremus!
legati nobis ad Caesarem de deditione mittendi sunt!
itaque Helvetii omnium rerum inopia adducti legatos ad Caesarem mittunt . . .
aliquanto post legati Helvetiorum Caesarem in itinere conveniunt seque ad pedes proiciunt . . .
suppliciter pacem petimus! quaecumque nobis imperabis, parebimus!
nuntiate vestris: Caesar Helvetios in eo loco, quo nunc sunt, suum adventum exspectare iubet.
paulo post Caesar scribae alicui, quae facta sunt, dictat . . .
. . . paruerunt.
HELVETII OMNIVM RERVM
INOPIA ADDVCTI LEGATOS DE
DEDITIONE AD EVM MISERVNT QVI CVM
EVM IN ITINERE CONVENISSENT SEQVE
AD PEDES PROIECISSENT SVPPLICITER-
QVE LOCVTI FLENTES PACEM PETIS-
SENT ATQVE EOS IN EO LOCO QVO
TVM ESSENT SVVM ADVENTVM EX-
PECTARE IVSSISSET PARVE....

postquam Caesar *ad Helvetios* pervenit . . .
. . . obsides, arma, servos, qui ad eos perfugissent, poposcit.
obsides, arma, *res pretiosae,* servi *tradendi sunt!*
dum ea conquiruntur et conferuntur nocte intermissa . . .
SPQR
ssst! audi!
quid habes?
. . . circiter hominum milia sex eius pagi, qui Verbigenus appellatur, prima nocte e castris Helvetiorum egressi ad Rhenum finesque Germanorum contenderunt. . .

. . .sive timore perterriti, ne supplicio adficerentur, sive spe salutis inducti suam fugam occultari posse.
Romani nos supplicio adficient.
fortasse fuga nostra occultari potest.
de hac fuga multis post saeculis apud Caesarem haec fere scripta videbimus:
DVM EA CONQVIRVNTVR ET CONFERVNTVR
NOCTE INTERMISSA CIRCITER HOMINVM
MILIA SEX EIVS PAGI QVI VERBIGENVS
APPELLATVR SIVE TIMORE PERTERRITI NE
ARMIS TRADITIS SVPPLICIO ADFICERENTVR
SIVE SPE SALVTIS INDVCTI QVOD IN TANTA
MVLTITVDINE DEDITICIORVM SVAM FVGAM
AVT OCCVLTARI AVT OMNINO IGNORARI
POSSE EXISTIMARENT PRIMA NOCTE E
CASTRIS HELVETIORVM EGRESSI AD
RHENVM FINESQVE GERMANORVM
CONTENDERVNT
Romani eadem nocte castra non longe ab Helvetiorum castris posuerunt.

istud me tandem aere alieno liberabit.
incredibile visu!
ad Caesarem praedam Helveticam inspicientem nuntii equis accurrunt...
ave, Caesar!
hac nocte viri pagi Verbígeni aufugérunt.
incredibile auditu!
omnes civitates, quarum per fines ierunt, brevi monendae sunt!
brevi monebuntur!
brevissime!
statim proficiscemur!
nuntiate his civitatibus, per quarum fines Verbígeni ierunt: Caesar vobis imperat, ut eos conquiratis et reducatis, si purgati esse vultis!
nonnullis post diebus quam nuntii equis abierunt, Caesar legiones suas victrices recenset.
AVE IMPERATOR!
AVE IMPERATOR
milites tertiae legionis ordinati constiterunt!

sed praeter voces victorum etiam lamentationes et exsecrationes audiuntur . . .
vae nobis! porro! abite in malam rem!
qui est ille tumultus?
viri pagi Verbígeni reducuntur.
Verbígeni reducuntur.
in hostium numero habendi sunt!
itaque Caesar reductos in hostium numero habuit: senes, aegroti, infantes ad sinistram, viri, mulieres liberique laboris patientes ad dextram ducuntur.
fac huc venias!
ad sinistram!
monstrum hominis!
vae! eii!
interea Caesar Helvetiis, Tulingis, Latobrígis Rauracisque condiciones dicit.
vos omnes in fines vestros reverti iubeo!
sed omnibus frugibus amissis domi nihil est, quo famem toleremus.
itaque Allobrogibus imperavi, ut vobis frumenti copiam facerent, vos autem oppida vicosque, quos incendistis, restituere iubeo. nunc vobis discedere licet.
ubi principes Helvetiorum discesserunt, Caesar, cur illos in patriam reverti iusserit, explanat.
id hac maxime ratione feci: eum locum, unde Helvetii discesserunt, vacare nolo . . .
ave, imperator! legatio Haeduorum te adit.
. . . ne propter bonitatem agrorum Germani, qui trans Rhenum incolunt, suis finibus in Helvetiorum fines transeant et finitimi Galliae provinciae Allobrogibusque sint.

28,1 28,3-28,4

quid dicit, Varuccio?
Haedui petunt, ut Boios in finibus suis conlocare sibi liceat.
Caesar postea, quae de ea re responderat, litteris mandare iussit:
BOIOS PETENTI-
BVS HAEDVIS QVOD
EGREGIA VIRTVTE
ERANT COGNITI,
VT IN FINIBVS SV-
IS CONLOCARENT,
CONCESSIT
QVIBVS ILLI
AGROS DEDE-
RVNT QVOSQVE
POSTEA IN PAREM
IVRIS LIBERTATIS-
QVE CONDICIONEM
ATQVE IPSI
ERANT RECE-
PERVNT
his verbis postea librarius aliqui haec addidisse videtur:
Caesar cum Varuccione et duobus legatis in tentorium scribarum se contulit, ubi cognoscit:
hae tabulae in castris Helvetiorum repertae sunt . . .
. . . litteris Graecis confectae et huc relatae, quibus in tabulis nominatim ratio confecta est, qui numerus domo exierit eorumque qui arma ferre possint et item separatim pueri, senes mulieresque. in his chartis, tibi summam omnium capitum, quae domo exierunt quaeque domum redibunt, fecimus.
postea iussu Caesaris census eorum, qui domum redierunt, habebitur. hoc censu habito repertus est numerus milium centum et decem.
QVI DOMO EXIERVNT:
HELVETIORVM CCLXIII
TVLINGORVM XXXVI
LATOBRIGORVM XIV
RAVRACORVM XXIII
BOIORVM XXXII
SVMMA OMNIVM CCCLXVIII
EX HIS QVI ARMA
FERRE POTVERVNT XCII

Helvetii bello confecto oppida vicosque, quos incenderant, restituunt, *ut Caesar imperavit.*
undique loci natura continemur *ac* pro multitudine hominum et pro gloria belli atque fortitudinis *nostra* angustos fines habe*mus!*
tamen natura *amoena, pro qua* Helvetii *futuri temporis gratias nobis agent!*

ANNOTATIO

Cara lectrix careque lector!

Manibus Tuis tenes primum fasciculum novae seriei, quae inscribitur „Scriptores antiqui Romani imaginibus exornati". Inde ab anno 1973 o et homines privati et multi discipuli discipulaeque et magistri magistraeque in disciplina Latina libellis pictographicis magis magisque utuntur, ut sermonem Latinum sive discant sive excolant sive doceant. Cum numerus eorum, qui textus Latinos ratione pictarum historiolarum exhibitos legere malunt, in dies crescat, saepe in contrariam partem iure quodam affertur textus in bullis vocalibus contentos praecipuam quidem Latinitatem, tamen non authenticam praebere. Haec nova series illud damnum vitare conatur: textus non exhibet nisi a scriptoribus antiquis ipsis conceptos.

Hic primus fasciculus textum originalem Belli Helvetici a C. I. Caesare concepti continet, quem invenies in opere eius De Bello Gallico I1-29. Verba quidem Caesaris caute ac provide generi libellorum pictographicorum adaptanda erant, quae condicio nonnullas difficultates attulit. E. g. oratio saepe ex tertia in primam personam transferenda, perlongae verborum comprehensiones in partes breviores dispertiendae erant. Hic concedendum est Romanos primi a. Chr. n. saeculi inter se colloquentes verbis sententiisque in Caesaris Bello Gallico exhibitis nequaquam usos esse. Tamen ne quis conturbaretur neve a verbis authenticis longius discederem, etiam in dialogis genus Caesareum dicendi tractavi.

Ceterum ut textus originalis facile ab additamentis commutationibusque meis discerni possit, verba vera Caesaris directis, sed omnia a me adaptata aut adiecta obliquis typis posita sunt. Ultra textum Caesaris integrum atque intactum, quem O. Seel in bibliotheca Teubneriana 1968 edidit, post partem imaginibus exornatam invenies, ut comparare possis, quae commutaverim. Parvi numeri in imis paginis partis depictae indicant capita sententiasque libri primi De Bello Gallico.

Sed non modo verba Caesaris quoad fieri potuit originalia, sed etiam res ad illud tempus pertinentes quam maxime authenticae exhibentur. Hac in re illi viro nomine Walter Schmid, qui hunc fasciculum delineationibus instruxit neque viribus neque tempore parcens, maximas ago gratias.

Cum summo studio ad hoc ipsum opus incubuerimus, tamen non paucos locos et ad verba et ad res spectantes meliores fieri posse conscius sum. Itaque unusquisque mihi litteris tradat, rogo, quae ad verba et res emendandas apta habeat, inscriptione cursuali utens hac:

Karl-Heinz Graf von Rothenburg
c/o Ernst Klett Schulbuchverlag
Redaktion Ib (Alte Sprachen)
Postfach 10 60 16
D-70049 Stuttgart

Postremum fore, ut hic „Caesar imaginibus exornatus" Te delectaturus sit gaudiumque Latinitatis colendae aucturus, magnopere spero.

ADDENDA AB EDITIONE QUINTA

Quod hic libellus iam quintum divulgari potest, maximo me gaudio afficit. Omnibus, qui aut de verbis rebusque corrigendis me certiorem fecerunt aut proposuerunt, quomodo libellum meliorem facere possem, maximas ago gratias! Paene omnia grato animo accepi atque perfeci. Imprimis eos locos ex Caesaris de bello Gallico libro excerptos addidi, qui in scholis saepissime legi solent.

Rubricastellanus

GAIUS IVLIVS CAESAR:

BELLVM HELVETICVM

Commentariorum Belli Gallici

Liber I Capita 1-29

(1,1) Gallia est omnis divisa in partes tres, quarum unam incolunt Belgae, aliam Aquitani, tertiam qui ipsorum lingua Celtae, nostra Galli appellantur. **(1,2)** hi omnes lingua institutis legibus inter se differunt. Gallos ab Aquitanis Garunna flumen, a Belgis Matrona et Sequana dividit. **(1,3)** horum omnium fortissimi sunt Belgae, propterea quod a cultu atque humanitate provinciae longissime absunt minimeque ad eos mercatores saepe commeant atque ea, quae ad effeminandos animos pertinent, important proximique sunt Germanis, qui trans Rhenum incolunt, quibuscum continenter bellum gerunt. **(1,4)** qua de causa Helvetii quoque reliquos Gallos virtute praecedunt, quod fere cotidianis proeliis cum Germanis contendunt, cum aut suis finibus eos prohibent aut ipsi in eorum finibus bellum gerunt. **(1,5)** eorum una pars, quam Gallos obtinere dictum est, initium capit a flumine Rhodano, continetur Garunna flumine Oceano finibus Belgarum, attingit etiam ab Sequanis et Helvetiis flumen Rhenum, vergit ad septentriones. **(1,6)** Belgae ab extremis Galliae finibus oriuntur, pertinent ad inferiorem partem fluminis Rheni, spectant in septentrionem et orientem solem. **(1,7)** Aquitania a Garunna flumine ad Pyrenaeos montes et eam partem Oceani, quae est ad Hispaniam, pertinet; spectat inter occasum solis et septentriones.

(2,1) Apud Helvetios longe nobilissimus fuit et ditissimus Orgetorix. is M. Messala M. Pisone consulibus regni cupiditate inductus coniurationem nobilitatis fecit et civitati persuasit, ut de finibus suis cum omnibus copiis exirent: **(2,2)** perfacile esse, cum virtute omnibus praestarent, totius Galliae imperio potiri. **(2,3)** id hoc facilius iis persuasit, quod undique loci natura Helvetii continentur: una ex parte flumine Rheno latissimo atque altissimo, qui agrum Helvetium a Germanis dividit, altera ex parte monte Iura altissimo, qui est inter Sequanos et Helvetios, tertia lacu Lemanno et flumine Rhodano, qui provinciam nostram ab Helvetiis dividit. **(2,4)** his rebus fiebat, ut et minus late vagarentur et minus facile finitimis bellum inferre possent; qua ex parte homines bellandi cupidi magno dolore afficiebantur. **(2,5)** pro multitudine autem hominum et pro gloria belli atque fortitudinis angustos se fines habere arbitrabantur, qui in longitudinem milia passuum CCXI, in latitudinem CLXXX patebant.

(3,1) His rebus adducti et auctoritate Orgetorigis permoti constituerunt ea, quae ad proficiscendum pertinerent, comparare, iumentorum et carrorum quam maximum numerum coemere, sementes quam maximas facere, ut in itinere copia frumenti suppeteret, cum proximis civitatibus pacem et amicitiam confirmare. **(3,2)** ad eas res conficiendas biennium sibi satis esse duxerunt, in tertium annum profectionem lege confirmant. ad eas res conficiendas Orgetorix deligitur. **(3,3)** is sibi legationem ad civitates suscepit. **(3,4)** in eo itinere persuadet Castico Catamantaloedis filio Sequano, cuius pater regnum in Sequanis multos annos obtinuerat et ab senatu populi Romani amicus appellatus erat, ut regnum in civitate sua occuparet, quod pater ante habuerat; **(3,5)** itemque Dumnorigi Haeduo, fratri Diviciaci, qui eo tempore principatum in civitate obtinebat ac maxime plebi acceptus erat, ut idem conaretur persuadet eique filiam suam in matrimonium dat. **(3,6)** perfacile factu esse illis probat conata perficere propterea, quod ipse suae civitatis imperium obtenturus esset: **(3,7)** non esse dubium, quin totius Galliae plurimum Helvetii possent; se suis copiis suoque exercitu illis regna conciliaturum confirmat. **(3,8)** hac oratione adducti inter se fidem et ius iurandum dant et regno occupato per tres potentissimos ac firmissimos populos totius Galliae sese potiri posse sperant.

(4,1) Ea res est Helvetiis per indicium enuntiata. moribus suis Orgetorigem ex vinculis causam dicere coegerunt; damnatum poenam sequi oportebat, ut igni cremaretur. **(4,2)** die constituta causae dictionis Orgetorix ad iudicium omnem suam familiam, ad hominum milia decem, undique coegit et omnes clientes obaeratosque suos, quorum magnum numerum habebat, eodem conduxit; per eos, ne causam diceret, se eripuit. **(4,3)** cum civitas ob eam rem incitata armis ius suum exsequi conaretur multitudinemque hominum ex agris magistratus cogerent, Orgetorix mortuus est; **(4,4)** neque abest suspicio, ut Helvetii arbitrantur, quin ipse sibi mortem consciverit.

(5,1) Post eius mortem nihilominus Helvetii id, quod constituerant, facere conantur, ut e finibus suis exeant. **(5,2)** ubi iam se ad eam rem paratos esse arbitrati sunt, oppida sua omnia numero ad duodecim, vicos ad quadringentos, **(5,3)** reliqua privata aedificia incendunt, frumentum omne, praeter quod secum portaturi erant, comburunt, ut domum reditionis spe sublata paratiores ad omnia pericula subeunda essent; trium mensum molita cibaria sibi quemque domo efferre iubent. **(5,4)** persuadent Rauracis et Tulingis et Latobrigis finitimis, uti eodem usi consilio oppidis suis vicisque exustis una cum iis proficiscantur, Boiosque, qui trans Rhenum incoluerant et in agrum Noricum transierant Noreiamque oppugnabant, receptos ad se socios sibi adsciscunt.

(6,1) Erant omnino itinera duo, quibus itineribus domo exire possent. unum per Sequanos, angustum et difficile, inter montem Iuram et flumen Rhodanum, vix qua singuli carri ducerentur, mons autem altissimus impendebat, ut facile perpauci prohibere possent; **(6,2)** alterum per provinciam nostram, multo facilius atque expeditius propterea, quod inter fines Helvetiorum et Allobrogum, qui nuper pacati erant, Rhodanus fluit isque nonnullis locis vado transitur. **(6,3)** extremum oppidum Allobrogum est proximumque Helvetiorum finibus Genava. ex eo oppido pons ad Helvetios pertinet. Allobrogibus sese vel persuasuros, quod nondum bono animo in populum Romanum viderentur, existimabant vel vi coacturos, ut per suos fines eos ire paterentur. **(6,4)** omnibus rebus ad profectionem comparatis diem dicunt, qua die ad ripam Rhodani omnes conveniant. is dies erat a. d. V. Kal. Apr. L. Pisone A. Gabinio consulibus.

(7,1) Caesari cum id nuntiatum esset eos per provinciam nostram iter facere conari, maturat ab urbe proficisci et quam maximis potest itineribus in Galliam ulteriorem contendit et ad Genavam pervenit. **(7,2)** provinciae toti quam maximum potest militum numerum imperat – erat omnino in Gallia ulteriore legio una –; pontem, qui erat ad Genavam, iubet rescindi. **(7,3)** ubi de eius adventu Helvetii certiores facti sunt, legatos ad eum mittunt nobilissimos civitatis, cuius legationis Nammeius et Verucloetius principem locum obtinebant, qui dicerent sibi esse in animo sine ullo maleficio iter per provinciam facere propterea, quod aliud iter haberent nullum; rogare, ut eius voluntate id sibi facere liceat. **(7,4)** Caesar, quod memoria tenebat L. Cassium consulem occisum exercitumque eius ab Helvetiis pulsum et sub iugum missum, concedendum non putabat; **(7,5)** neque homines inimico animo, data facultate per provinciam itineris faciundi, temperaturos ab iniuria et maleficio existimabat. **(7,6)** tamen, ut spatium intercedere posset, dum milites, quos imperaverat, convenirent, legatis respondit diem se ad deliberandum sumpturum; si quid vellent, ad Id. Apr. reverterentur.

(8,1) Interea ea legione, quam secum habebat, militibusque, qui ex provincia convenerant, a lacu Lemanno, qui in flumen Rhodanum influit, ad montem Iuram, qui fines Sequanorum ab Helvetiis dividit, milia passuum decem novem murum in altitudinem pedum sedecim fossamque perducit. **(8,2)** eo opere perfecto praesidia disponit, castella communit, quo facilius, si se invito transire conarentur, prohibere possit. **(8,3)** ubi ea dies, quam constituerat cum legatis, venit et legati ad eum reverterunt, negat se more et exemplo populi Romani posse iter ulli per provinciam dare et, si vim facere conentur, prohibiturum ostendit. **(8,4)** Helvetii ea spe deiecti navibus iunctis ratibusque compluribus factis, alii vadis Rhodani, qua minima altitudo fluminis erat, nonnumquam interdiu, saepius, noctu, si perrumpere possent, conati, operis munitione et militum concursu et telis repulsi hoc conatu destiterunt.

(9,1) Relinquebatur una per Sequanos via, qua Sequanis invitis propter angustias ire non poterant. **(9,2)** his cum sua sponte persuadere non possent, legatos ad Dumnorigem Haeduum mittunt, ut eo deprecatore a Sequanis impetrarent. **(9,3)** Dumnorix gratia et largitione apud Sequanos plurimum poterat et Helvetiis erat amicus, quod ex ea civitate Orgetorigis filiam in matrimonium duxerat, et cupiditate regni adductus novis rebus studebat et quam plurimas civitates suo beneficio habere obstrictas volebat. **(9,4)** itaque rem suscipit et a Sequanis impetrat, ut per fines suos Helvetios ire patiantur, obidesque uti inter sese dent, perficit: Sequani, ne itinere Helvetios prohibeant, Helvetii, ut sine maleficio et iniuria transeant.

(10,1) Caesari nuntiatur Helvetiis esse in animo per agrum Sequanorum et Haeduorum iter in Santonum fines facere, qui non longe a Tolosatium finibus absunt, quae civitas est in provincia. **(10,2)** id si fieret, intellegebat magno cum periculo provinciae futurum, ut homines bellicosos, populi Romani inimicos, locis patentibus maximeque frumentariis finitimos haberet. **(10,3)** ob eas causas ei munitioni, quam fecerat, T. Labienum legatum praefecit; ipse in Italiam magnis itineribus contendit duasque ibi legiones conscribit et tres, quae circum Aquileiam hiemabant, ex hibernis educit et, qua proximum iter in ulteriorem Galliam per Alpes erat, cum his quinque legionibus ire contendit. **(10,4)** ibi Ceutrones et Graioceli et Caturiges locis superioribus occupatis itinere exercitum prohibere conantur. **(10,5)** compluribus his proeliis pulsis ab Ocelo, quod est citerioris provinciae extremum, in fines Vocontiorum ulterioris provinciae die septimo pervenit; inde in Allobrogum fines, ab Allobrogibus in Segusiavos exercitum ducit. hi sunt extra provinciam trans Rhodanum primi.

(11,1) Helvetii iam per angustias et fines Sequanorum suas copias traduxerant et in Haeduorum fines pervenerant eorumque agros populabantur. **(11,2)** Haedui, cum se suaque ab iis defendere non possent, legatos ad Caesarem mittunt rogatum auxilium: **(11,3)** ita se omni tempore de populo Romano meritos esse, ut paene in conspectu exercitus nostri agri vastari, liberi eorum in servitutem abduci, oppida expugnari non debuerint. **(11,4)** eodem tempore Ambarri, necessarii et consanguinei Haeduorum, Caesarem certiorem faciunt sese depopulatis agris non facile ab oppidis vim hostium prohibere. **(11,5)** item Allobroges, qui trans Rhodanum vicos possessionesque habebant, fuga se ad Caesarem recipiunt et demonstrant sibi praeter agri solum nihil esse reliqui. **(11,6)** quibus rebus adductus Caesar non exspectandum sibi statuit, dum omnibus fortunis sociorum consumptis in Santonos Helvetii pervenirent.

(12,1) Flumen est Arar, quod per fines Haeduorum et Sequanorum in Rhodanum influit, incredibili lenitate ita, ut oculis in utram partem fluat iudicari non possit. id Helvetii ratibus ac lintribus iunctis transibant. **(12,2)** ubi per exploratores Caesar certior factus est tres iam partes copiarum Helvetios id flumen traduxisse, quartam vero partem citra flumen Ararim reliquam esse, de tertia vigilia cum legionibus tribus e castris profectus ad eam partem pervenit, quae nondum flumen transierat. **(12,3)** eos impeditos et inopinantes adgressus magnam partem eorum concidit; reliqui sese fugae mandarunt atque in proximas silvas abdiderunt. **(12,4)** is pagus appellabatur Tigurinus; nam omnis civitas Helvetia in quattuor partes vel pagos est divisa. **(12,5)** hic pagus unus, cum domo exisset, patrum nostrorum memoria L. Cassium consulem interfecerat et eius exercitum sub iugum miserat. **(12,6)** ita sive casu sive consilio deorum immortalium, quae pars civitatis Helvetiae insignem calamitatem populo Romano intulerat, ea princeps poenas persolvit. **(12,7)** qua in re Caesar non solum publicas, sed etiam privatas iniurias ultus est, quod eius soceri L. Pisonis avum, L. Pisonem legatum, Tigurini eodem proelio, quo Cassium, interfecerant.

(13,1) Hoc proelio facto, reliquas copias Helvetiorum ut consequi posset, pontem in Arari faciendum curat atque ita exercitum traducit. **(13,2)** Helvetii repentino eius adventu commoti, cum id, quod ipsi diebus XX aegerrime confecerant, ut flumen transirent, illum uno die fecisse intellegerent, legatos ad eum mittunt. cuius legationis Divico princeps fuit, qui bello Cassiano dux Helvetiorum fuerat. **(13,3)** is ita cum Caesare egit: si pacem populus Romanus cum Helvetiis faceret, in eam partem ituros atque ibi futuros Helvetios, ubi eos Caesar constituisset atque esse voluisset; **(13,4)** sin bello persequi perseveraret, reminisceretur et veteris incommodi populi Romani et pristinae virtutis Helvetiorum. **(13,5)** quod improviso unum pagum adortus esset, cum ii, qui flumen transissent, suis auxilium ferre non possent, ne ob eam rem aut suae magnopere virtuti tribueret aut ipsos despiceret. **(13,6)** se ita a patribus maioribusque suis didicisse, ut magis virtute quam dolo contenderent aut insidiis niterentur. **(13,7)** quare ne committeret, ut is locus, ubi constitissent, ex calamitate populi Romani et internecione exercitus nomen caperet aut memoriam proderet.

(14,1) His Caesar ita respondit: eo sibi minus dubitationis dari, quod eas res, quas legati Helvetii commemorassent, memoria teneret, atque eo gravius ferre, quo minus merito populi Romani accidissent. **(14,2)** qui si alicuius iniuriae sibi conscius fuisset, non fuisse difficile cavere; sed eo deceptum, quod neque commissum a se intellegeret, quare timeret, neque sine causa timendum putaret. **(14,3)** quod si veteris contumeliae oblivisci vellet, num etiam recentium iniuriarum, quod eo invito iter per provinciam per vim temptassent, quod Haeduos, quod Ambarros, quod Allobroges vexassent, memoriam deponere posse? **(14,4)** quod sua victoria tam insolenter gloriarentur quodque tam diu se impune iniurias tulisse admirarentur, eodem pertinere. **(14,5)** consuesse enim deos immortales, quo gravius homines ex commutatione rerum doleant, quos pro scelere eorum ulcisci velint, his secundiores interdum res et diuturniorem impunitatem concedere. **(14,6)** cum ea ita sint, tamen si obsides ab iis sibi dentur, uti ea, quae polliceantur, facturos intellegat, et si Haeduis de iniuriis, quas ipsis sociisque eorum intulerint, item si Allobrogibus satisfaciant, sese cum iis pacem esse facturum. **(14,7)** Divico respondit: ita Helvetios a maioribus suis institutos esse, uti obsides accipere, non dare consuerint; eius rei populum Romanum esse testem. hoc responso dato discessit.

(15,1) Postero die castra ex eo loco movent. idem facit Caesar equitatumque omnem, ad numerum quattuor milium, quem ex omni provincia et Haeduis atque eorum sociis coactum habebat, praemittit, qui videant, quas in partes hostes iter faciant. **(15,2)** qui cupidius novissimum agmen insecuti alieno loco cum equitatu Helvetiorum proelium committunt, et pauci de nostris cadunt. **(15,3)** quo proelio sublati Helvetii, quod quingentis equitibus tantam multitudinem equitum propulerant, audacius subsistere nonnumquam et novissimo agmine proelio nostros lacessere coeperunt. **(15,4)** Caesar suos a proelio continebat ac satis habebat in praesentia hostem rapinis pabulationibusque prohibere. **(15,5)** ita dies circiter quindecim iter fecerunt, uti inter novissimum hostium agmen et nostrum primum non amplius quinis aut senis milibus passuum interesset.

(16,1) Interim cotidie Caesar Haeduos frumentum, quod essent publice polliciti, flagitare. **(16,2)** nam propter frigora – quod Gallia sub septentrionibus, ut ante dictum est, posita est – non modo frumenta in agris matura non erant, sed ne pabuli quidem satis magna copia suppetebat. **(16,3)** eo autem frumento, quod flumine Arari navibus subvexerat, propterea minus uti poterat, quod iter ab Arari Helvetii averterant, a quibus discedere nolebat. **(16,4)** diem ex die ducere Haedui: conferri, comportari, adesse dicere. **(16,5)** ubi se diutius duci intellexit et diem instare, quo die frumentum militibus metiri oporteret, convocatis eorum principibus, quorum magnam copiam in castris habebat, in his Diviciaco et Lisco, qui summo magistratui praeerat, quem vergobretum appellant Haedui, qui creatur annuus et vitae necisque in suos habet potestatem, **(16,6)** graviter eos accusat, quod, cum neque emi neque ex agris sumi posset, tam necessario tempore, tam propinquis hostibus ab iis non sublevetur, praesertim cum magna ex parte eorum precibus adductus bellum susceperit. multo etiam gravius, quod sit destitutus, queritur.

(17,1) Tum demum, Liscus oratione Caesaris adductus, quod antea tacuerat, proponit: esse nonnullos, quorum auctoritas apud plebem plurimum valeat, qui privatim plus possint quam ipsi magistratus. **(17,2)** hos seditiosa atque improba oratione multitudinem deterrere, ne frumentum conferant, quod debeant: **(17,3)** praestare, si iam principatum Galliae obtinere non possent, Gallorum quam Romanorum imperia perferre; **(17,4)** neque dubitare debeant, quin si Helvetios superaverint, Romani una cum reliqua Gallia Haeduis libertatem sint erepturi. **(17,5)** ab isdem nostra consilia quaeque in castris gerantur, hostibus enuntiari; hos a se coerceri non posse. **(17,6)** quin etiam, quod necessariam rem coactus Caesari enuntiarit, intellegere sese, quanto id cum periculo fecerit, et ob eam causam quamdiu potuerit tacuisse.

(18,1) Caesar hac oratione Lisci Dumnorigem, Diviciaci fratrem, designari sentiebat, sed quod pluribus praesentibus eas res iactari nolebat, celeriter concilium dimittit, Liscum retinet. **(18,2)** quaerit ex solo ea, quae in conventu dixerat. dicit liberius atque audacius. eadem secreto ab aliis quaerit; reperit esse vera: **(18,3)** ipsum esse Dumnorigem, summa audacia, magna apud plebem propter liberalitatem gratia, cupidum rerum novarum. complures annos portoria reliquaque omnia Haeduorum vectigalia parvo pretio redempta habere propterea, quod illo licente contra liceri audeat nemo. **(18,4)** his rebus et suam rem familiarem auxisse et facultates ad largiendum magnas comparasse; **(18,5)** magnum numerum equitatus suo sumptu semper alere et circum se habere; **(18,6)** neque solum domi, sed etiam apud finitimas civitates largiter posse, atque huius potentiae causa matrem in Biturigibus homini illic nobilissimo ac potentissimo collocasse, **(18,7)** ipsum ex Helvetiis uxorem habere, sororem ex matre et propinquas suas nuptum in alias civitates collocasse. **(18,8)** favere et cupere Helvetiis propter eam affinitatem, odisse etiam suo nomine Caesarem et Romanos, quod eorum adventu potentia eius deminuta et Diviciacus frater in antiquum locum gratiae atque honoris sit restitutus. **(18,9)** si quid accidat Romanis, summam in spem per Helvetios regni obtinendi venire; imperio populi Romani non modo de regno, sed etiam de ea, quam habeat, gratia desperare. **(18,10)** reperiebat etiam in quaerendo Caesar, quod proelium equestre adversum paucis ante diebus esset factum, initium eius fugae factum ab Dumnorige atque eius equitibus – nam equitatui, quem auxilio Caesari Haedui miserant, Dumnorix praeerat –; eorum fuga reliquum esse equitatum perterritum.

(19,1) Quibus rebus cognitis, cum ad has suspiciones certissimae res accederent, quod per fines Sequanorum Helvetios traduxisset, quod obsides inter eos dandos curasset, quod ea omnia non modo iniussu suo et civitatis, sed etiam inscientibus ipsis fecisset, quod a magistratu Haeduorum accusaretur, satis esse causae arbitrabatur, quare in eum aut ipse animadverteret aut civitatem animadvertere iuberet. **(19,2)** his omnibus rebus unum repugnabat, quod Diviciaci fratris summum in populum Romanum studium, summam in se voluntatem, egregiam fidem, iustitiam, temperantiam cognoverat; nam ne eius supplicio Diviciaci animum offenderet, verebatur. **(19,3)** itaque, priusquam quicquam conaretur, Diviciacum ad se vocari iubet et cotidianis interpretibus remotis per C. Valerium Troucillum, principem, Galliae provinciae, familiarem suum, cui summam omnium rerum fidem habebat, cum eo colloquitur; **(19,4)** simul commonefacit, quae ipso praesente in concilio Gallorum de Dumnorige sint dicta, et ostendit, quae separatim quisque de eo apud se dixerit. **(19,5)** petit atque hortatur, ut sine eius offensione animi vel ipse de eo causa cognita statuat vel civitatem statuere iubeat.

(20,1) Diviciacus multis cum lacrimis Caesarem complexus obsecrare coepit, ne quid gravius in fratrem statueret: **(20,2)** scire se illa esse vera, nec quemquam ex eo plus quam se doloris capere propterea, quod, cum ipse gratia plurimum domi atque in reliqua Gallia, ille minimum propter adulescentiam posset, per se crevisset, quibus opibus ac nervis non solum ad minuendam gratiam, sed paene ad perniciem suam uteretur. **(20,3)** sese tamen et amore fraterno et existimatione vulgi commoveri. **(20,4)** quod si quid ei a Caesare gravius accidisset, cum ipse eum locum amicitiae apud eum teneret, neminem existimaturum non sua voluntate factum. qua ex re futurum, uti totius Galliae animi a se averterentur. **(20,5)** haec cum pluribus verbis flens a Caesare peteret, Caesar eius dextram prendit; consolatus rogat, finem orandi faciat; tanti eius apud se gratiam esse ostendit, uti et rei publicae iniuriam et suum dolorem eius voluntati ac precibus condonet. **(20,6)** Dumnorigem ad se vocat, fratrem adhibet; quae in eo reprehendat, ostendit; quae ipse intellegat, quae civitas queratur, proponit; monet, ut in reliquum tempus omnes suspiciones vitet; praeterita se Diviciaco fratri condonare dicit. Dumnorigi custodes ponit, ut, quae agat, quibuscum loquatur, scire possit.

(21,1) Eodem die ab exploratoribus certior factus hostes sub monte consedisse milia passuum ab ipsius castris octo, qualis esset natura montis et qualis in circuitu ascensus, qui cognoscerent, misit. **(21,2)** renuntiatum est facilem esse. de tertia vigilia T. Labienum legatum pro praetore cum duabus legionibus et iis ducibus, qui iter cognoverant, summum iugum montis ascendere iubet; quid sui consilii sit, ostendit. **(21,3)** ipse de quarta vigilia eodem itinere, quo hostes ierant, ad eos contendit equitatumque omnem ante se mittit. **(21,4)** P. Considius, qui rei militaris peritissimus habebatur et in exercitu L. Sullae et postea in M. Crassi fuerat, cum exploratoribus praemittitur.

(22,1) Prima luce, cum summus mons a Labieno teneretur, ipse ab hostium castris non longius mille et quingentis passibus abesset neque, ut postea ex captivis comperit, aut ipsius adventus aut Labieni cognitus esset, **(22,2)** Considius equo admisso ad eum accurrit, dicit montem, quem a Labieno occupari voluerit, ab hostibus teneri: id se a Gallicis armis atque insignibus cognovisse. **(22,3)** Caesar suas copias in proxium collem subducit, aciem instruit. Labienus, ut erat ei praeceptum a Caesare, ne proelium committeret, nisi ipsius copiae prope hostium castra visae essent, ut undique uno tempore in hostes impetus fieret, monte occupato nostros exspectabat proelioque abstinebat. **(22,4)** multo denique die per exploratores Caesar cognovit et montem ab suis teneri et Helvetios castra movisse et Considium timore perterritum, quod non vidisset, pro viso sibi renuntiavisse. **(22,5)** eo die, quo consueverat, intervallo hostes sequitur et milia passuum tria ab eorum castris castra ponit.

(23,1) Postridie eius diei, quod omnino biduum supererat, cum exercitui frumentum metiri oporteret, et quod a Bibracte, oppido Haeduorum longe maximo et copiosissimo, non amplius milibus passuum XVIIII aberat, rei frumentariae prospiciendum existimans iter ab Helvetiis avertit ac Bibracte ire contendit. **(23,2)** ea res per fugitivos L. Aemilii, decurionis equitum Gallorum, hostibus nuntiatur. **(23,3)** Helvetii seu quod timore perterritos Romanos discedere a se existimarent, eo magis quod pridie superioribus locis occupatis proelium non commisissent, sive eo, quod re frumentaria intercludi posse confiderent, commutato consilio atque itinere converso nostros a novissimo agmine insequi ac lacessere coeperunt.

(24,1) Postquam id animadvertit, copias suas Caesar in proximum collem subducit equitatumque, qui sustineret hostium impetum, misit. **(24,2)** ipse interim in colle medio triplicem aciem instruxit legionum quattuor veteranarum; **(24,3)** in summo iugo duas legiones, quas in Gallia citeriore proxime conscripserat, et omnia auxilia collocari ita, uti supra se totum montem hominibus compleret, interea sarcinas in unum locum conferri et eum ab his, qui in superiore acie constiterant, muniri iussit. **(24,4)** Helvetii cum omnibus suis carris secuti impedimenta in unum locum contulerunt; **(24,5)** ipsi confertissima acie reiecto nostro equitatu phalange facta sub primam nostram aciem successerunt.

(25,1) Caesar primum suo, deinde omnium ex conspectu remotis equis, ut aequato omnium periculo spem fugae tolleret, cohortatus suos proelium commisit. **(25,2)** milites e loco superiore pilis missis facile hostium phalangem perfregerunt ea disiecta gladiis destrictis in eos impetum fecerunt. **(25,3)** Gallis magno ad pugnam erat impedimento, quod pluribus eorum scutis uno ictu pilorum transfixis et colligatis, cum ferrum se inflexisset, neque evellere neque sinistra impedimenta satis commode pugnare poterant, **(25,4)** multi ut diu iactato bracchio praeoptarent scuta e manu emittere et nudo corpore pugnare. **(25,5)** tandem vulneribus defessi et pedem referre et, quod mons suberat circiter mille passuum, eo se recipere coeperunt. **(25,6)** capto monte et succedentibus nostris Boii et Tulingi, qui hominum milibus circiter XV agmen hostium claudebant et novissimis praesidio erant, ex itinere nostros latere aperto aggressi circumvenire, et id conspicati Helvetii, qui in montem sese receperant, rursus instare et proelium redintegrare coeperunt. **(25,7)** Romani conversa signa bipertito intulerunt: prima et secunda acies, ut victis ac summotis resisteret, tertia, ut venientes sustineret.

(26,1) Ita ancipiti proelio diu atque acriter pugnatum est. diutius cum sustinere nostrorum impetus non possent, alteri se, ut coeperant, in montem receperunt, alteri ad impedimenta et carros suos se contulerunt. **(26,2)** nam hoc toto proelio, cum ab hora septima ad vesperum pugnatum sit, aversum hostem videre nemo potuit. **(26,3)** ad multam noctem etiam ad impedimenta pugnatum est propterea, quod pro vallo carros obiecerant et e loco superiore in nostros venientes tela coniciebant et nonnulli inter carros rotasque mataras ac tragulas subiciebant nostrosque vulnerabant. **(26,4)** diu cum esset pugnatum, impedimentis castrisque nostri potiti sunt. ibi Orgetorigis filia atque unus e filiis captus est. **(26,5)** ex eo proelio circiter milia hominum CXXX superfuerunt eaque tota nocte continenter ierunt. nullam partem noctis itinere intermisso in fines Lingonum die quarto pervenerunt, cum et propter vulnera militum et propter sepulturam occisorum nostri triduum morati eos sequi non potuissent. **(26,6)** Caesar ad Lingonas litteras nuntiosque misit, ne eos frumento neve alia re iuvarent; qui si iuvissent, se eodem loco quo Helvetios habiturum. ipse triduo intermisso cum omnibus copiis eos sequi ce opit.

(27,1) Helvetii omnium rerum inopia adducti legatos de deditione ad eum miserunt. **(27,2)** qui cum eum in itinere convenissent seque ad pedes proiecissent suppliciterque locuti flentes pacem petissent atque eos in eo loco, quo tum essent, suum adventum exspectare iussisset, paruerunt. **(27,3)** eo postquam Caesar pervenit, obsides, arma, servos, qui ad eos perfugissent, poposcit. **(27,4)** dum ea conquiruntur et conferuntur nocte intermissa, circiter hominum milia sex eius pagi, qui Verbigenus appellatur, sive timore perterriti, ne armis traditis supplicio afficerentur, sive spe salutis inducti, quod in tanta multitudine dediticiorum suam fugam aut occultari aut omnino ignorari posse existimarent, prima nocte e castris Helvetiorum egressi ad Rhenum finesque Germanorum contenderunt.

(28,1) Quod ubi Caesar resciit, quorum per fines ierant, his uti conquirerent et reducerent, si sibi purgati esse vellent, imperavit; reductos in hostium numero habuit; **(28,2)** reliquos omnes obsidibus, armis, perfugis traditis in deditionem accepit. **(28,3)** Helvetios, Tulingos, Latobrigos in fines suos, unde erant profecti, reverti iussit et quod omnibus frugibus amissis domi nihil erat, quo famem tolerarent, Allobrogibus imperavit, ut iis frumenti copiam facerent; ipsos oppida vicosque, quos incenderant, restituere, iussit. **(28,4)** id ea maxime ratione fecit, quod noluit eum locum, unde Helvetii discesserant, vacare, ne propter bonitatem agrorum Germani, qui trans Rhenum incolunt, suis finibus in Helvetiorum fines transirent et finitimi Galliae provinciae Allobrogibusque essent. **(28,5)** Boios petentibus Haeduis, quod egregia virtute erant cogniti, ut in finibus suis collocarent, concessit; quibus illi agros dederunt quosque postea in parem iuris libertatisque condicionem, atque ipsi erant, receperunt.

(29,1) In castris Helvetiorum tabulae repertae sunt litteris Graecis confectae et ad Caesarem relatae, quibus in tabulis nominatim ratio confecta erat, qui numerus domo exisset eorum, qui arma ferre possent, et item separatim pueri, senes mulieresque. **(29,2)** quarum omnium rerum summa erat capitum Helvetiorum milia ducenta sexaginta tria, Tulingorum milia XXXVI. Latobrigorum XIV, Rauracorum XXIII, Boiorum XXXII; ex his, qui arma ferre possent, ad milia nonaginta duo. **(29,3)** summa omnium fuerunt ad milia trecenta sexaginta octo. eorum, qui domum redierunt, censu habito, ut Caesar imperaverat, repertus est numerus milium centum et decem.

ALII LOCI EX CAESARIS BELLI GALLICI COMMENTARIIS SELECTI

BELLUM CAESARIS CUM ARIOVISTO (I30-53)

GALLI A CAESARE AUXILIUM CONTRA GERMANOS PETUNT

30 Bello Helvetiorum confecto totius fere Galliae legati principes civitatum ad Caesarem gratulatum convenerunt: 2 intellegere sese, tametsi pro veteribus Helvetiorum iniuriis populi Romani ab his poenas bello repetisset, tamen eam rem non minus ex usu terrae Galliae quam populi Romani accidisse, 3 propterea quod eo consilio florentissimis rebus domos suas Helvetii reliquissent, uti toti Galliae bellum inferrent imperioque potirentur locumque domicilio ex magna copia deligerent, quem ex omni Gallia opportunissimum ac fructuosissimum iudicassent, reliquasque civitates stipendiarias haberent.
4 Petierunt, uti sibi concilium totius Galliae in diem certam indicere idque Caesaris facere voluntate liceret: sese habere quasdam res, quas ex communi consensu ab eo petere vellent. 5 Ea re permissa diem concilio constituerunt et iure iurando, ne quis enuntiaret, nisi quibus communi consilio mandatum esset, inter se sanxerunt.
31 Eo concilio dimisso idem principes civitatum ,qui ante adfuerant, ad Caesarem reverterunt petieruntque, uti sibi secreto de sua omniumque salute cum eo agere liceret. 2 Ea re impetrata sese omnes flentes Caesari ad pedes proiecerunt: non minus se id contendere et laborare, ne ea, quae dixissent, enuntiarentur, quam uti ea, quae vellent, impetrarent, propterea quod, si enuntiatum esset, summum in cruciatum se venturos viderent.
3 Locutus est pro his Diviciācus Haeduus: Galliae totius factiones esse duas: harum alterius principatum tenere Haeduos, alterius Arvernos. 4 Hi cum tantopere de potentatu inter se multos annos contenderent, factum esse, uti ab Arvernis Sequanisque Germani mercede arcesserentur. 5 Horum primo circiter milia quindecim Rhenum transisse; posteaquam agros et cultum et copias Gallorum homines feri ac barbari adamassent, traductos plures; nunc esse in Gallia ad centum et viginti milium numerum. 6 Cum his Haeduos eorumque clientes semel atque iterum armis contendisse; magnam calamitatem pulsos accepisse, omnem nobilitatem, omnem senatum, omnem equitatum amisisse. 7 Quibus proeliis calamitatibusque fractos, qui et sua virtute et populi Romani hospitio atque amicitia plurimum ante in Gallia potuissent, coactos esse Sequanis obsides dare nobilissimos civitatis et iure iurando civitatem obstringere sese neque obsides repetituros neque auxilium a populo Romano imploraturos neque recusaturos, quominus perpetuo sub illorum dicione atque imperio essent. 8 Unum se esse ex omni civitate Haeduorum, qui adduci non potuerit, ut iuraret aut liberos suos obsides daret. 9 Ob eam rem se ex civitate profugisse et Romam ad senatum venisse auxilium postulatum, quod solus neque iure iurando neque obsidibus teneretur.
10 Sed peius victoribus Sequanis quam Haeduis victis accidisse, propterea quod Ariovistus, rex Germanorum, in eorum finibus consedisset tertiamque partem agri Sequani, qui esset optimus totius Galliae, occupavisset et nunc de altera parte tertia Sequanos decedere iuberet, propterea quod paucis mensibus ante Harūdum milia hominum viginti quattuor ad eum venissent, quibus locus ac sedes pararentur. 11 Futurum esse paucis annis, uti omnes ex Galliae finibus pellerentur atque omnes Germani Rhenum transirent: neque enim conferendum esse Gallicum cum Germanorum agro, neque hanc consuetudinem victūs cum illa comparandam. 12 Ariovistum autem, ut semel Gallorum copias proelio vicerit (quod proelium factum sit ad Magetobrīgam), superbe et crudeliter imperare, obsides nobilissimi cuiusque liberos poscere et in eos omnia exempla cruciatusque edere, si qua res non ad nutum aut ad voluntatem eius facta sit. 13 Hominem esse barbarum, iracundum, temerarium; non posse eius imperia diutius sustineri.
14 Nisi quid in Caesare populoque Romano sit auxilii, omnibus Gallis idem esse faciendum, quod Helvetii fecerint, ut domo emigrent, aliud domicilium, alias sedes, remotas a Germanis, petant fortunamque, quaecumque accidat, experiantur. 15 Haec si enuntiata Ariovisto sint, non dubitare, quin de omnibus obsidibus, qui apud eum sint, gravissimum supplicium sumat. 16 Caesarem vel auctoritate sua atque exercitus vel recenti victoria vel nomine populi Romani deterrere posse, ne maior multitudo Germanorum Rhenum traducatur, Galliamque omnem ab Ariovisti iniuria posse defendere.
32 Hac oratione ab Diviciāco habita omnes, qui aderant, magno fletu auxilium a Caesare petere coeperunt. 2 Animadvertit Caesar unos ex omnibus Sequanos nihil earum rerum facere, quas ceteri facerent, sed tristes capite demisso terram intueri. Eius rei quae causa esset, miratus ex ipsis quaesiit. 3 Nihil Sequani respondere, sed in eadem tristitia taciti permanere.
Cum ab his saepius quaereret neque ullam omnino vocem exprimere posset, idem Diviciācus Haeduus respondit: 4 hoc esse miseriorem et graviorem fortunam Sequanorum quam reliquorum, quod soli ne in occulto quidem queri neque auxilium implorare auderent absentisque Ariovisti crudelitatem, velut si coram ades-

set, horrerent, propterea quod reliquis tamen fugae facultas daretur, Sequanis vero, qui intra fines suos Ariovistum recepissent, quorum oppida omnia in potestate eius essent, omnes cruciatus essent perferendi.

CAESAR CUM ARIOVISTO AGERE CONATUR

33 His rebus cognitis Caesar Gallorum animos verbis confirmavit pollicitusque est sibi eam rem curae futuram: magnam se habere spem et beneficio suo et auctoritate adductum Ariovistum finem iniuriis facturum. Hac oratione habita concilium dimisit.
2 Et secundum ea multae res eum hortabantur, quare sibi eam rem cogitandam et suscipiendam putaret, imprimis, quod Haeduos, fratres consanguineosque saepenumero a senatu appellatos, in servitute atque in dicione videbat Germanorum teneri eorumque obsides esse apud Ariovistum ac Sequanos intellegebat; quod in tanto imperio populi Romani turpissimum sibi et rei publicae esse arbitrabatur. 3 Paulatim autem Germanos consuescere Rhenum transire et in Galliam magnam eorum multitudinem venire populo Romano periculosum videbat; 4 neque sibi homines feros ac barbaros temperaturos existimabat, quin, cum omnem Galliam occupavissent, ut ante Cimbri Teutonique fecissent, in provinciam exirent atque inde in Italiam contenderent; quibus rebus quam maturrime occurrendum putabat. 5 Ipse autem Ariovistus tantos sibi spiritus, tantam arrogantiam sumpserat, ut ferendus non videretur.
34 Quamobrem placuit ei, ut ad Ariovistum legatos mitteret, qui ab eo postularent, uti aliquem locum medium utriusque colloquio deligeret: velle sese de re publica et summis utriusque rebus cum eo agere. Ei legationi Ariovistus respondit: 2 si quid ipsi a Caesare opus esset, sese ad eum venturum fuisse; si quid ille se velit, illum ad se venire oportere. 3 Praeterea se neque sine exercitu in eas partes Galliae venire audere, quas Caesar possideret, neque exercitum sine magno commeatu atque molimento in unum locum contrahere posse. 4 Sibi autem mirum videri, quid in sua Gallia, quam bello vicisset, aut Caesari aut omnino populo Romano negotii esset.
35 His responsis ad Caesarem relatis iterum ad eum Caesar legatos cum his mandatis mittit: 2 quoniam tanto suo populique Romani beneficio affectus, cum in consulatu suo rex atque amicus a senatu appellatus esset, hanc sibi populoque Romano gratiam referret, ut in colloquium venire invitatus gravaretur neque de communi re dicendum sibi et cognoscendum putaret, haec esse, quae ab eo postularet: 3 primum, ne quam multitudinem hominum amplius trans Rhenum in Galliam traduceret; deinde obsides, quos haberet ab Haeduis, redderet Sequanisque permitteret, ut, quos illi haberent, voluntate eius reddere illis liceret; neve Haeduos iniuria lacesseret neve his sociisque eorum bellum inferret. 4 Si id ita fecisset, sibi populoque Romano perpetuam gratiam atque amicitiam cum eo futuram; si non impetraret, sese, quoniam M. Messala M. Pisone consulibus senatus censuisset, uti, quicumque Galliam provinciam obtineret, quod commodo rei publicae facere posset, Haeduos ceterosque amicos populi Romani defenderet, se Haeduorum iniurias non neglecturum.
36 Ad haec Ariovistus respondit: ius esse belli, ut, qui vicissent, iis, quos vicissent, quemadmodum vellent, imperarent; item populum Romanum victis non ad alterius praescriptum, sed ad suum arbitrium imperare consuesse. 2 Si ipse populo Romano non praescriberet, quem ad modum suo iure uteretur, non oportere se a populo Romano in suo iure impediri.
3 Haeduos sibi, quoniam belli fortunam temptassent et armis congressi ac superati essent, stipendiarios esse factos. 4 Magnam Caesarem iniuriam facere, qui suo adventu vectigalia sibi deteriora faceret. 5 Haeduis se obsides redditurum non esse neque his neque eorum sociis iniuria bellum illaturum, si in eo manerent, quod convenisset, stipendiumque quotannis penderent; si id non fecissent, longe his fraternum nomen populi Romani afuturum.
6 Quod sibi Caesar denuntiaret se Haeduorum iniurias non neglecturum, neminem secum sine sua pernicie contendisse. 7 Cum vellet, congrederetur: intellecturum, quid invicti Germani, exercitatissimi in armis, qui inter annos quattuordecim tectum non subissent, virtute possent.

CAESAR MAGNIS ITINERIBUS AD ARIOVISTUM CONTENDIT . . .

37 Haec eodem tempore Caesari mandata referebantur et legati ab Haeduis et a Treveris veniebant: 2 Haedui questum, quod Harūdes, qui nuper in Galliam transportati essent, fines eorum popularentur: sese ne obsidibus quidem datis pacem Ariovisti redimere potuisse; 3 Treveri autem pagos centum Sueborum ad ripas Rheni consedisse, qui Rhenum transire conarentur; his praeesse Nasuam et Cimberium fratres. 4 Quibus rebus Caesar vehementer commotus maturandum sibi existimavit, ne, si nova manus Sueborum cum veteribus copiis Ariovisti se coniunxisset, minus facile resisti posset. 5 Itaque re frumentaria, quam celerrime potuit, comparata magnis itineribus ad Ariovistum contendit.

. . . ET OPPIDUM VESONTIONEM OCCUPAT.

38 Cum tridui viam processisset, nuntiatum est ei Ariovistum cum suis omnibus copiis ad occupandum Vesontionem, quod est oppidum maximum Sequanorum, contendere [,triduique viam a suis finibus processisse].
2 Id ne accideret, magnopere sibi praecavendum Caesar existimabat.
3 Namque omnium rerum, quae ad bellum usui erant, summa erat in eo oppido facultas, 4 idque natura loci

sic muniebatur, ut magnam ad ducendum bellum daret facultatem, propterea quod flumen Dubis ut circino circumductum paene totum oppidum cingit; 5 reliquum spatium, quod est non amplius pedum mille sescentorum, quā flumen intermittit, mons continet magna altitudine, ita ut radices eius montis ex utraque parte ripae fluminis contingant. 6 Hunc murus circumdatus arcem efficit et cum oppido coniungit. 7 Huc Caesar magnis nocturnis diurnisque itineribus contendit occupatoque oppido ibi praesidium collocat.

MAGNUS TIMOR EXERCITUM ROMANUM OCCUPAT.

39 Dum paucos dies ad Vesontionem rei frumentariae commeatusque causa moratur, ex percontatione nostrorum vocibusque Gallorum ac mercatorum, qui ingenti magnitudine corporum Germanos, incredibili virtute atque exercitatione in armis esse praedicabant (saepenumero sese cum his congressos ne vultum quidem atque aciem oculorum dicebant ferre potuisse), tantus subito timor omnem exercitum occupavit, ut non mediocriter omnium mentes animosque perturbaret.

2 Hic primum ortus est a tribunis militum, praefectis reliquisque, qui ex urbe amicitiae causa Caesarem secuti non magnum in re militari usum habebant; 3 quorum alius aliā causā illatā, quam sibi ad proficiscendum necessariam esse diceret, petebat, ut eius voluntate discedere liceret; nonnulli pudore adducti, ut timoris suspicionem vitarent, remanebant. 4 Hi neque vultum fingere neque interdum lacrimas tenere poterant: abditi in tabernaculis aut suum fatum querebantur aut cum familiaribus suis commune periculum miserabantur. Vulgo totis castris testamenta obsignabantur.

5 Horum vocibus ac timore paulatim etiam ii, qui magnum in castris usum habebant, milites centurionesque quique equitatui praeerant, perturbabantur. 6 Qui se ex his minus timidos existimari volebant, non se hostem vereri, sed angustias itineris et magnitudinem silvarum, quae inter ipsos atque Ariovistum intercederent, aut rem frumentariam, ut satis commode supportari posset, timere dicebant. 7 Nonnulli etiam Caesari nuntiabant, cum castra moveri ac signa ferri iussisset, non fore dicto audientes milites neque propter timorem signa laturos.

CAESAR, POSTQUAM ORATIONE MENTES OMNIUM CONVERTIT, EXERCITUM CONTRA ARIOVISTUM DUCIT

41 Hac oratione habita mirum in modum conversae sunt omnium mentes summaque alacritas et cupiditas belli gerendi illata est, 2 princepsque decima legio per tribunos militum ei gratias egit, quod de se optimum iudicium fecisset, seque esse ad bellum gerendum paratissimam confirmavit. 3 Deinde reliquae legiones cum tribunis militum et primorum ordinum centurionibus egerunt, uti per eos Caesari satisfacerent: se neque umquam dubitasse neque timuisse neque de summa belli suum iudicium, sed imperatoris esse existimavisse.

4 Eorum satisfactione accepta et itinere exquisito per Diviciācum, quod ex Gallis ei maximam fidem habebat, ut milium amplius quinquaginta circuitu locis apertis exercitum duceret, de quarta vigilia, ut dixerat, profectus est. 5 Septimo die, cum iter non intermitteret, ab exploratoribus certior factus est Ariovisti copias a nostris milia passuum quattuor et viginti abesse.

CAESAR ARIOVISTUM CONVENIT

42 Cognito Caesaris adventu Ariovistus legatos ad eum mittit: quod antea de colloquio postulasset, id per se fieri licere, quoniam propius accessisset seque id sine periculo facere posse existimaret. Non respuit condicionem Caesar iamque eum ad sanitatem reverti arbitrabatur, cum id, quod antea petenti denegasset, ultro polliceretur, 3 magnamque in spem veniebat pro suis tantis populique Romani in eum beneficiis cognitis suis postulatis fore, uti pertinaciā desisteret.

4 Dies colloquio dictus est ex eo die quintus. Interim saepe ultro citroque cum legati inter eos mitterentur, Ariovistus postulavit, ne quem peditem ad colloquium Caesar adduceret; vereri se, ne per insidias ab eo circumveniretur; uterque cum equitatu veniret: alia ratione sese non esse venturum.

5 Caesar, quod neque colloquium interpositā causā tolli volebat neque salutem suam Gallorum equitatui committere audebat, commodissimum esse statuit omnibus equis Gallis equitibus detractis eo legionarios milites legionis decimae, cui maxime confidebat, imponere, ut praesidium quam amicissimum, si quid opus facto esset, haberet. 6 Quod cum fieret, non irridicule quidam ex militibus decimae legionis dixit plus, quam pollicitus esset, Caesarem facere: pollicitum se in cohortis praetoriae loco decimam legionem habiturum, ad equum rescribere.

43 Planities erat magna et in ea tumulus terrenus satis grandis. 2 Hic locus aequum fere spatium a castris utriusque aberat. Eo, ut erat dictum, ad colloquium venerunt. Legionem Caesar, quam equis devexerat, passibus ducentis ab eo tumulo constituit; item equites Ariovisti pari intervallo constiterunt. 3 Ariovistus, ex equis ut colloquerentur et praeter se denos ad colloquium adducerent, postulavit. 4 Ubi eo ventum est, Caesar initio orationis sua senatusque in eum beneficia commemoravit: quod rex appellatus esset a senatu, quod amicus, quod munera amplissime missa; quam rem et paucis contigisse et pro magnis hominum officiis consuesse tribui docebat; 5 illum, cum neque aditum neque causam postulandi iustam haberet, beneficio ac liberalitate sua ac senatus ea praemia consecutum.

6 Docebat etiam, quam veteres quamque iustae causae necessitudinis ipsis cum Haeduis intercederent, 7 quae senatus consulta, quotiens quamque honorifica in eos facta essent, ut omni tempore totius Galliae principatum Haedui tenuissent, prius etiam, quam nostram

amicitiam appetissent. 8 Populi Romani hanc esse consuetudinem, ut socios atque amicos non modo sui nihil deperdere, sed gratia, dignitate, honore auctiores velit esse; quod vero ad amicitiam populi Romani attulissent, id iis eripi quis pati posset?

9 Postulavit deinde eadem, quae legatis in mandatis dederat: ne aut Haeduis aut eorum sociis bellum inferret; obsides redderet; si nullam partem Germanorum domum remittere posset, at ne quos amplius Rhenum transire pateretur.

44 Ariovistus ad postulata Caesaris pauca respondit, de suis virtutibus multa praedicavit: 2 Transisse Rhenum sese non sua sponte, sed rogatum et arcessitum a Gallis; non sine magna spe magnisque praemiis domum propinquosque reliquisse; sedes habere in Gallia ab ipsis concessas, obsides ipsorum voluntate datos; stipendium capere iure belli, quod victores victis imponere consuerint. 3 Non sese Gallis, sed Gallos sibi bellum intulisse: omnes Galliae civitates ad se oppugnandum venisse ac contra se castra habuisse; eas omnes copias uno a se proelio pulsas ac superatas esse. 4 Si iterum experiri velint, se iterum paratum esse decertare; si pace uti velint, iniquum esse de stipendio recusare, quod sua voluntate ad id tempus pependerint.

5 Amicitiam populi Romani sibi ornamento et praesidio, non detrimento esse oportere [atque se hac spe petisse]. Si per populum Romanum stipendium remittatur et dediticii subtrahantur, non minus se libenter recusaturum populi Romani amicitiam quam appetierit.

6 Quod multitudinem Germanorum in Galliam traducat, id se sui muniendi, non Galliae oppugnandae causa facere: eius rei testimonium esse, quod nisi rogatus non venerit et quod bellum non intulerit, sed defenderit.

7 Se prius in Galliam venisse quam populum Romanum. Numquam ante hoc tempus exercitum populi Romani Galliae provinciae finibus egressum. 8 Quid sibi vellet? Cur in suas possessiones veniret? Provinciam suam hanc esse Galliam, sicut illam nostram. Ut ipsi concedi non oporteret, si in nostros fines impetum faceret, sic item nos esse iniquos, quod in suo iure se interpellaremus. 9 Quod a senatu Haeduos amicos appellatos diceret, non se tam barbarum neque tam imperitum esse rerum, ut non sciret neque bello Allobrogum proximo Haeduos Romanis auxilium tulisse neque ipsos in his contentionibus, quas Haedui secum et cum Sequanis habuissent, auxilio populi Romani usos esse.

10 Debere se suspicari simulatā Caesarem amicitiā, quod exercitum in Gallia habeat, sui opprimendi causa habere. 11 Qui nisi decedat atque exercitum deducat ex his regionibus, sese illum non pro amico, sed pro hoste habiturum. 12 Quodsi eum interfecerit, multis se nobilibus principibusque populi Romani gratum esse facturum (id se ab ipsis per eorum nuntios compertum habere), quorum omnium gratiam atque amicitiam eius morte redimere posset. 13 Quodsi decessisset et liberam possessionem Galliae sibi tradidisset, magno se illum praemio remuneraturum et, quaecumque bella geri vellet, sine ullo eius labore et periculo confecturum.

45 Multa a Caesare in eam sententiam dicta sunt, quare negotio desistere non posset: Neque suam neque populi Romani consuetudinem pati, uti optime meritos socios desereret, neque se iudicare Galliam potius esse Ariovisti quam populi Romani. 2 Bello superatos esse Arvernos et Rutenos a Q. Fabio Maximo, quibus populus Romanus ignovisset neque stipendium imposuisset. 3 Quodsi antiquissimum quodque tempus spectari oporteret, populi Romani iustissimum esse in Gallia imperium; si iudicium senatus observari oporteret, liberam debere esse Galliam, quam bello victam suis legibus uti voluisset.

46 Dum haec in colloquio geruntur, Caesari nuntiatum est equites Ariovisti propius tumulum accedere et ad nostros adequitare, lapides telaque in nostros conicere. 2 Caesar loquendi finem fecit seque ad suos recepit suisque imperavit, ne quod omnino telum in hostes reicerent. 3 Nam etsi sine ullo periculo legionis delectae cum equitatu proelium fore videbat, tamen committendum non putabat, ut pulsis hostibus dici posset eos ab se per fidem in colloquio circumventos.

4 Posteaquam in vulgus militum elatum est, qua arrogantia in colloquio Ariovistus usus omni Gallia Romanis interdixisset, impetumque in nostros eius equites fecissent eaque res colloquium diremisset, multo maior alacritas studiumque pugnandi maius exercitui iniectum est.

ARIOVISTUS NUNTIOS CAESARIS IN CATENAS CONICIT

47 Biduo post Ariovistus ad Caesarem legatos misit: velle se de iis rebus, quae inter eos agi coeptae neque perfectae essent, agere cum eo; uti aut iterum colloquio diem constitueret aut, si id minus vellet, ex suis legatis aliquem ad se mitteret.

2 Colloquendi Caesari causa visa non est, et eo magis, quod pridie eius diei Germani retineri non potuerant, quin in nostros tela conicerent.

3 Legatum ex suis sese magno cum periculo ad eum missurum et hominibus feris obiecturum existimabat.

4 Commodissimum visum est C. Valerium Procillum, C. Valeri Caburi filium, summa virtute et humanitate adulescentem, cuius pater a C. Valerio Flacco civitate donatus erat, et propter fidem et propter linguae Gallicae scientiam, qua multa iam Ariovistus longinqua consuetudine utebatur, et quod in eo peccandi Germanis causa non esset, ad eum mittere et una M. Metium, qui hospitio Ariovisti utebatur. 5 His mandavit, ut, quae diceret Ariovistus, cognoscerent et ad se referrent.

6 Quos cum apud se in castris Ariovistus conspexisset, exercitu suo praesente conclamavit: quid ad se venirent? an speculandi causa? Conantes dicere prohibuit et in catenas coniecit.

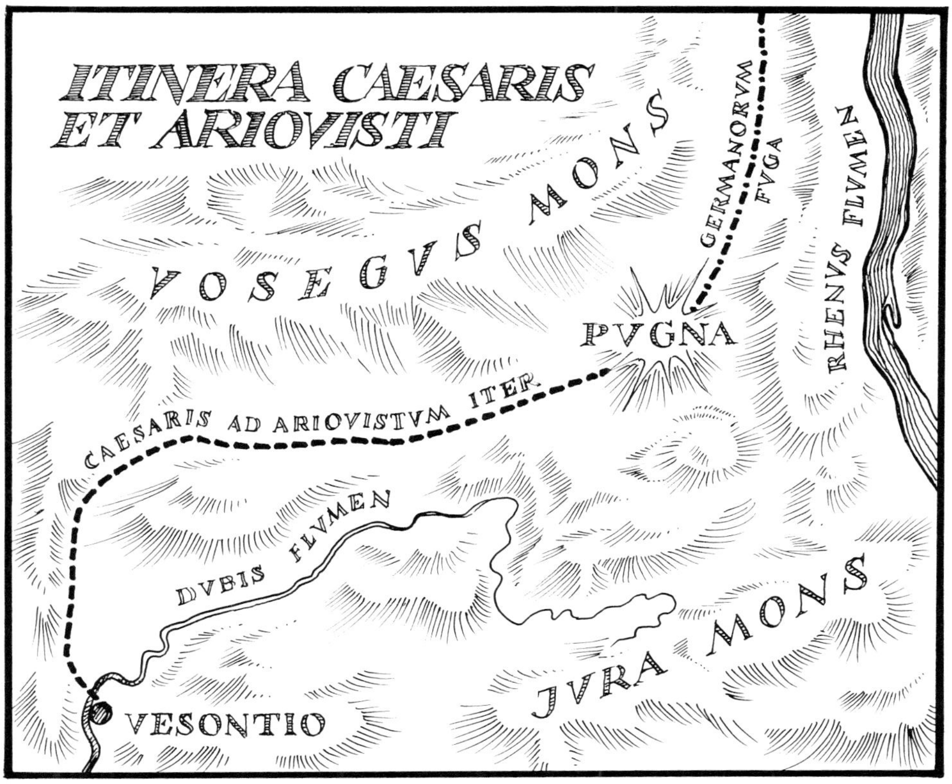

CLADES GERMANORUM

51 Postridie eius diei Caesar praesidio utrisque castris, quod satis esse visum est, reliquit, alarios omnes in conspectu hostium pro castris minoribus constituit, quod minus multitudine militum legionariorum pro hostium numero valebat, ut ad speciem alariis uteretur. Ipse triplici instructa acie usque ad castra hostium accessit.

2 Tum demum necessario Germani suas copias castris eduxerunt generatimque constituerunt paribus intervallis Harūdes, Marcomannos, Tribŏcos, Vangiŏnes, Nemĕtes, Suebos, omnemque aciem suam raedis et carris circumdederunt, ne qua spes in fuga relinqueretur. 3 Eo mulieres imposuerunt, quae ad proelium proficiscentes passis manibus flentes implorabant, ne se in servitutem Romanis traderent.

52 Caesar singulis legionibus singulos legatos et quaestorem praefecit, uti eos testes suae quisque virtutis haberet; 2 ipse a dextro cornu, quod eam partem minime firmam hostium esse animadverterat, proelium commisit. 3 Ita nostri acriter in hostes signo dato impetum fecerunt, itáque hostes repente celeriterque procurrerunt, ut spatium pila in hostes coniciendi non daretur. Relictis pilis comminus gladiis pugnatum est. 4 At Germani celeriter ex consuetudine sua phalange facta impetus gladiorum exceperunt. 5 Reperti sunt complures nostri, qui in phalangem insilirent et scuta manibus revellerent et desuper vulnerarent. 6 Cum hostium acies a sinistro cornu pulsa atque in fugam coniecta esset, a dextro cornu vehementer multitudine suorum nostram aciem premebant. 7 Id cum animadvertisset P. Crassus adulescens, qui equitatui praeerat, quod expeditior erat quam ii, qui inter aciem versabantur, tertiam aciem laborantibus nostris subsidio misit.

53 Ita proelium restitutum est, atque omnes hostes terga verterunt nec prius fugere destiterunt, quam ad flumen Rhenum pervenerunt. 2 Ibi perpauci aut viribus confisi tranare contenderunt aut lintribus inventis sibi salutem reppererunt.

3 In his fuit Ariovistus, qui naviculam deligatam ad ripam nactus eā profugit; reliquos omnes consecuti equites nostri interfecerunt. 4 Duae fuerunt Ariovisti uxores, una Suebă natione, quam domo secum duxerat, altera Norica, regis Voccionis soror, quam in Gallia duxerat a fratre missam: utraque in ea fuga periit; duae filiae: harum altera occisa, altera capta est.

5 C. Valerius Procillus, cum a custodibus in fuga trinis catenis vinctus traheretur, in ipsum Caesarem hostes equitatu insequentem incidit. 6 Quae quidem res Caesari non minorem quam ipsa victoria voluptatem attulit, quod hominem honestissimum provinciae Galliae, suum familiarem et hospitem, ereptum ex manibus hostium sibi restitutum videbat neque eius calamitate de tanta voluptate et gratulatione quicquam fortuna deminuerat. 7 Is se praesente de se ter sortibus consultum dicebat, utrum igni statim necaretur an in aliud tempus reservaretur: sortium beneficio se esse incolumem. Item M. Metius repertus et ad eum reductus est.

DE SUEBORUM GENERE (IV 1-3)

IV 1 3 Sueborum gens est longe maxima et bellicosissima Germanorum omnium. 4 Hi centum pagos habere dicuntur, ex quibus quotannis singula milia armatorum bellandi causa suis ex finibus educunt. 5 Reliqui, qui domi manserunt, se atque illos alunt; hi rursus in vicem anno post in armis sunt, illi domi remanent. 6 Sic neque agri cultura nec ratio atque usus belli intermittitur. 7 Sed privati ac separati agri apud eos nihil est, neque longius anno remanere uno in loco colendi causa licet. 8 Neque multum frumento, sed maximam partem lacte atque pecore vivunt multumque sunt in venationibus; 9 quae res et cibi genere et cotidiana exercitatione et libertate vitae, quod a pueris nullo officio aut disciplina assuefacti nihil omnino contra voluntatem faciunt, et vires alit et immani corporum magnitudine homines efficit. 10 Atque in eam se consuetudinem adduxerunt, ut locis frigidissimis neque vestitus praeter pelles habeant quicquam, quarum propter exiguitatem magna est corporis pars aperta, et laventur in fluminibus.

2 Mercatoribus est aditus magis eo, ut quae bello ceperint quibus vendant habeant, quam quo ullam rem ad se importari desiderent. 2 Quin etiam iumentis, quibus maxime Galli delectantur quaeque impenso parant pretio, Germani importatis non utuntur, sed quae sunt apud eos nata, parva atque deformia, haec cotidiana exercitatione, summi ut sint laboris, efficiunt. 3 Equestribus proeliis saepe ex equis desiliunt ac pedibus proeliantur, equosque eodem remanere vestigio assuefecerunt, ad quos se celeriter, cum usus est, recipiunt; 4 neque eorum moribus turpius quicquam aut inertius habetur quam ephippiis uti. 5 Itaque ad quemvis numerum ephippiatorum equitum quamvis pauci adire audent. 6 Vinum omnino ad se importari non patiuntur, quod ea re ad laborem ferendum remollescere homines atque effeminari arbitrantur.

3 Publice maximam putant esse laudem quam latissime a suis finibus vacare agros: hac re significari magnum numerum civitatum suam vim sustinere non potuisse. 2 Itaque una ex parte a Suebis circiter milia passuum centum agri vacare dicuntur. 3 Ad alteram partem succedunt Ubii, quorum fuit civitas ampla atque florens, ut est captus Germanorum; hi paulo sunt quam eiusdem generis ceteri humaniores, propterea quod Rhenum attingunt multumque ad eos mercatores ventitant. 4 Hos cum Suebi multis saepe bellis experti propter amplitudinem gravitatemque civitatis finibus expellere non potuissent, tamen vectigales sibi fecerunt ac multo humiliores infirmioresque redegerunt.

CAESAR RHENUM transgreditur (IV 16-19)

16 Germanico bello confecto multis de causis Caesar statuit sibi Rhenum esse transeundum; quarum illa fuit iustissima, quod, cum videret Germanos tam facile impelli, ut in Galliam venirent, suis quoque rebus eos timere voluit, cum intellegerent et posse et audere populi Romani exercitum Rhenum transire.

17 Sed navibus transire neque satis tutum esse arbitrabatur neque suae neque populi Romani dignitatis esse statuebat. 2 Itaque, etsi summa difficultas faciendi pontis proponebatur propter latitudinem, rapiditatem altitudinemque fluminis, tamen id sibi contendendum aut aliter non traducendum exercitum existimabat.

18 Diebus decem, quibus materia coepta erat comportari, omni opere effecto exercitus traducitur. 2 Caesar ad utramque partem pontis firmo praesidio relicto in fines Sugambrorum contendit. 3 Interim a compluribus civitatibus ad eum legati veniunt; quibus pacem atque amicitiam petentibus liberaliter respondet obsidesque ad se adduci iubet. 4 At Sugambri ex eo tempore, quo pons institui coeptus est, fuga comparata hortantibus iis, quos ex Tencteris atque Usipetibus apud se habebant, finibus suis excesserant suaque omnia exportaverant seque in solitudinem ac silvas abdiderant.

19 Caesar paucos dies in eorum finibus moratus omnibus vicis aedificiisque incensis frumentisque succisis se in fines Ubiorum recepit atque his auxilium suum pollicitus, si ab Suebis premerentur, haec ab iis cognovit: 2 Suebos, posteaquam per exploratores pontem fieri comperissent, more suo concilio habito nuntios in omnes partes dimisisse, uti de oppidis demigrarent, liberos, uxores suaque omnia in silvis deponerent atque omnes, qui arma ferre possent, unum in locum convenirent. 3 Hunc esse delectum medium fere regionum earum, quas Suebi obtinerent; hic Romanorum adventum exspectare atque ibī decertare constituisse. 4 Quod ubi Caesar comperit, omnibus his rebus confectis, quarum rerum causa exercitum traducere constituerat, ut Germanis metum iniceret, ut Sugambros ulcisceretur, ut Ubios obsidione liberaret, diebus omnino XVIII trans Rhenum consumptis satis et ad laudem et ad utilitatem populi Romani profectum arbitratus se in Galliam recepit pontemque rescidit.

CAESAR IN BRITANNIAM PROFICISCITUR (IV 20-36)

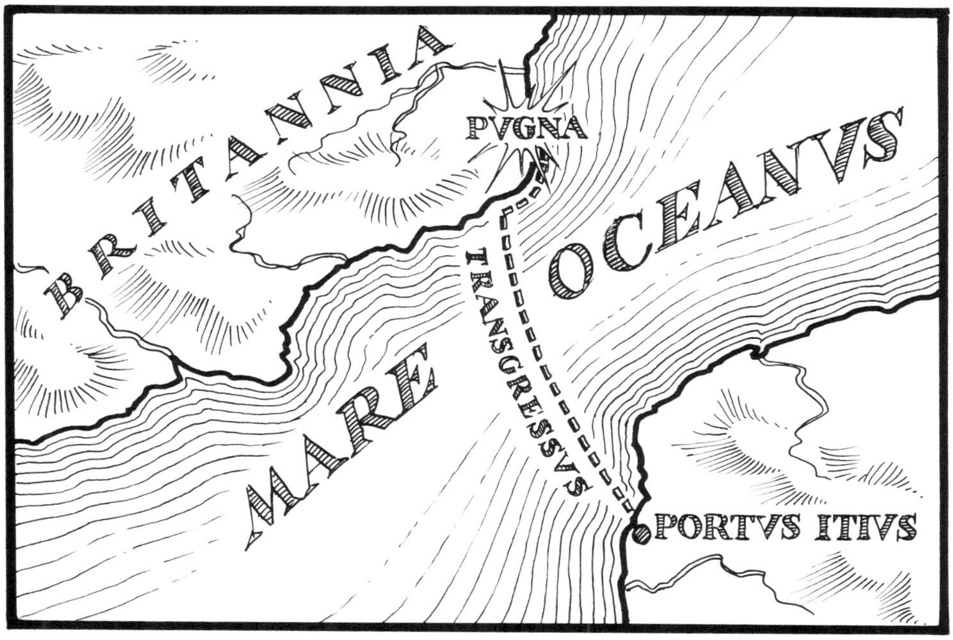

20 Exigua parte aestatis reliqua Caesar, etsi in his locis, quod omnis Gallia ad septentriones vergit, maturae sunt hiemes, tamen in Britanniam proficisci contendit, 2 quod omnibus fere Gallicis bellis hostibus nostris inde subministrata auxilia intellegebat et, si tempus anni ad bellum gerendum deficeret, tamen magno sibi usui fore arbitrabatur, si modo insulam adisset, genus hominum perspexisset, loca, portus, aditus cognovisset; quae omnia fere Gallis erant incognita. 3 Neque enim temere praeter mercatores illo adit quisquam neque his ipsis quicquam praeter oram maritimam atque eas regiones, quae sunt contra Galliam, notum est. 4 Itaque evocatis ad se undique mercatoribus, neque quanta esset insulae magnitudo, neque quae aut quantae nationes incolerent, neque quem usum belli haberent aut quibus institutis uterentur, neque qui essent ad maiorum navium multitudinem idonei portus, reperire poterat.

21 Ad haec cognoscenda, priusquam periculum faceret, idoneum esse arbitratus C. Volusēnum cum navi longa praemittit. 2 Huic mandat, ut exploratis omnibus rebus ad se quam primum revertatur. 3 Ipse cum omnibus copiis in Morĭnos proficiscitur, quod inde erat brevissimus in Britanniam traiectus. 4 Huc naves undique ex finitimis regionibus et, quam superiore aestate ad Veneticum bellum fecerat, classem iubet convenire. 9 Volusenus perspectis regionibus, quantum ei facultatis dari potuit, qui navi egredi ac se barbaris committere non auderet, quinto die ad Caesarem revertitur quaeque ibi perspexisset renuntiat.

22 3 Caesar navibus circiter LXXX onerariis coactis, quot satis esse ad duas transportandas legiones existimabat, quod praeterea navium longarum habebat, id quaestori, legatis praefectisque distribuit. 4 Huc accedebant XVIII onerariae naves, quae ex eo loco a milibus passuum VIII vento tenebantur, quominus in eundem portum venire possent: has equitibus tribuit. 5 Reliquum exercitum Q. Titurio Sabino et L. Aurunculeio Cottae legatis in Menapios atque in eos pagos Morinorum, a quibus ad eum legati non venerant, ducendum dedit; 6 P. Sulpicium Rufum legatum cum eo praesidio, quod satis esse arbitrabatur, portum tenere iussit.

23 His constitutis rebus nactus idoneam ad navigandum tempestatem tertia fere vigilia naves solvit equitesque in ulteriorem portum progredi et naves conscendere et se sequi iussit. 2 A quibus cum paulo tardius esset administratum, ipse hora diei circiter quarta cum primis navibus Britanniam attigit atque ibi in omnibus collibus expositas hostium copias armatas conspexit. 3 Cuius loci haec erat natura atque ita montibus mare continebatur, uti ex locis superioribus in litus telum adigi posset. 4 Hunc ad egrediendum nequaquam idoneum locum arbitratus, dum reliquae naves eo convenirent, ad horam nonam in ancoris exspectavit. 5 Interim legatis tribunisque militum convocatis, et quae ex Voluseno cognovisset et quae fieri vellet, ostendit monuitque, ut rei militaris ratio maximeque maritimae res postularent, quae celerem atque instabilem motum haberent, ut ad nutum et ad tempus omnes res ab iis administrarentur. 6 His dimissis et ventum et aestum uno tempore nactus secundum dato signo et sublatis ancoris circiter milia passuum septem ab eo loco progressus aperto ac plano litore naves constituit.

24 At barbari consilio Romanorum cognito praemisso equitatu et essedariis, quo plerumque genere in proeliis uti consuerunt, reliquis copiis subsecuti nostros navibus egredi prohibebant. 2 Erat ob has causas summa difficultas, quod naves propter magnitudinem nisi in alto constitui non poterant, militibus autem ignotis locis, impeditis manibus, magno et gravi onere armorum oppressis simul et de navibus desiliendum et in fluctibus consistendum et cum hostibus erat pugnandum, 3 cum illi aut ex arido aut paulum in aquam progressi omnibus membris expeditis, notissimis locis audacter tela conicerent et equos insuefactos incitarent. 4 Quibus rebus nostri perterriti atque huius omnino generis pugnae imperiti non eadem alacritate ac studio, quo in pedestribus uti proeliis consuerant, utebantur.

25 Quod ubi Caesar animadvertit, naves longas, quarum et species erat barbaris inusitatior et motus ad usum expeditior, paulum removeri ab onerariis navibus et remis incitari et ad latus apertum hostium constitui atque inde fundis, sagittis, tormentis hostes propelli ac submoveri iussit; quae res magno usui nostris fuit. 2 Nam et navium figura et remorum motu et inusitato genere tormentorum permoti barbari constiterunt ac paulum modo pedem rettulerunt. 3 At nostris militibus cunctantibus, maxime propter altitudinem maris, qui decimae legionis aquilam ferebat, obtestatus deos, ut ea res legioni feliciter eveniret: „Desilite", inquit, „commilitones, nisi vultis aquilam hostibus prodere; ego certe meum rei publicae atque imperatori officium praestitero." 4 Hoc cum voce magna dixisset, se ex navi proiecit atque in hostes aquilam ferre coepit. 5 Tum nostri cohortati inter se, ne tantum dedecus admitteretur, universi ex navi desiluerunt. 6 Hos item ex proximis navibus cum conspexissent, subsecuti hostibus appropinquaverunt.

26 Pugnatum est ab utrisque acriter. Nostri tamen, quod neque ordines servare neque firmiter insistere neque signa subsequi poterant atque alius alia ex navi, quibuscumque signis occurrerat, se aggregabat, magnopere perturbabantur; 2 hostes vero notis omnibus vadis, ubi ex litore aliquos singulares ex navi egredientes conspexerant, incitatis equis impeditos adoriebantur, plures paucos circumsistebant, 3 alii ab latere aperto in universos tela coniciebant. 4 Quod cum animadvertisset Caesar, scaphas longarum navium, item speculatoria navigia militibus compleri iussit et, quos laborantes conspexerat, his subsidia submittebat. 5 Nostri, simul in arido constiterunt, suis omnibus consecutis in hostes impetum fecerunt atque eos in fugam dederunt; neque longius prosequi potuerunt, quod equites cursum tenere atque insulam capere non poterant. Hoc unum ad pristinam fortunam Caesari defuit.

27 Hostes proelio superati, simulatque se ex fuga receperunt, statim ad Caesarem legatos de pace miserunt: obsides daturos quaeque imperasset sese facturos esse polliciti sunt.

28 His rebus pace confirmata post diem quartum, quam est in Britanniam ventum, naves XVIII, de quibus supra demonstratum est, quae equites sustulerant, ex superiore portu leni vento solverunt. 2 Quae cum appropinquarent Britanniae et ex castris viderentur, tanta tempestas subito coorta est, ut nulla earum cursum tenere posset, sed aliae eodem, unde erant profectae, referrentur, aliae ad inferiorem partem insulae, quae est propius solis occasum, magno suo cum periculo deicerentur; 3 quae tamen ancoris iactis cum fluctibus complerentur, necessario adversa nocte in altum provectae continentem petierunt.

29 Eadem nocte accidit, ut esset luna plena, qui dies maritimos aestus maximos in Oceano efficere consuevit, nostrisque id erat incognitum. 2 Ita uno tempore et longas naves, quibus Caesar exercitum transportandum curaverat quasque in aridum subduxerat, aestus complebat et onerarias, quae ad ancoras erant deligatae, tempestas afflictabat, neque ulla nostris facultas aut administrandi aut auxiliandi dabatur. 3 Compluribus navibus fractis reliquae cum essent funibus, ancoris reliquisque armamentis amissis ad navigandum inutiles, magna, id quod necesse erat accidere, totius exercitus perturbatio facta est. 4 Neque enim naves erant aliae, quibus reportari possent, et omnia deerant, quae ad reficiendas naves erant usui, et, quod omnibus constabat hiemari in Gallia oportere, frumentum his in locis in hiemem provisum non erat.

30 Quibus rebus cognitis principes Britanniae, qui post proelium ad Caesarem convenerant, inter se collocuti, cum et equites et naves et frumentum Romanis deesse intellegerent et paucitatem militum ex castrorum exiguitate cognoscerent, 2 quae hoc erant etiam angustiora, quod sine impedimentis Caesar legiones transportaverat, optimum factu esse duxerunt rebellione facta frumento commeatuque nostros prohibere et rem in hiemem producere, quod his superatis aut reditu interclusis neminem postea belli inferendi causa in Britanniam transiturum confidebant. 3 Itaque paulatim ex castris discedere ac suos clam ex agris deducere coeperunt.

31 At Caesar, etsi nondum eorum consilia cognoverat, tamen et ex eventu navium suarum et ex eo, quod obsides dare intermiserant, fore id, quod accidit, suspicabatur. 2 Itaque ad omnes casus subsidia comparabat. Nam et frumentum ex agris cottidie in castra conferebat et, quae gravissime afflictae erant naves, earum materia atque aere ad reliquas reficiendas utebatur et, quae ad eas res erant usui, ex continenti comparari iubebat. 3 Itaque, cum summo studio a militibus administraretur, XII navibus amissis, reliquis ut navigari commode posset, effecit.

36 Eodem die legati ab hostibus missi ad Caesarem de pace venerunt. 2 His Caesar numerum obsidum, quem ante imperaverat, duplicavit eosque in continentem adduci iussit, quod propinqua die aequinoctii infirmis navibus hiemi navigationem subiciendam non existimabat. 3 Ipse idoneam tempestatem nactus paulo post mediam noctem naves solvit; quae omnes incolumes ad continentem pervenerunt; 4 sed ex iis onerariae duae eosdem, quos reliquae, portus capere non potuerunt et paulo infra delatae sunt.

DE GALLIAE MORIBUS (VI 11-20)

VI 11 Quoniam ad hunc locum perventum est, non alienum esse videtur de Galliae Germaniaeque moribus et quo differant hae nationes inter sese proponere. 2 In Gallia non solum in omnibus civitatibus atque in omnibus pagis, sed paene etiam in singulis domibus factiones sunt, 3 earumque factionum principes sunt, qui summam auctoritatem eorum iudicio habere existimantur, quorum ad arbitrium iudiciumque summa omnium rerum consiliorumque redeat; 4 idque eius rei causa antiquitus institutum videtur, ne quis ex plebe contra potentiorem auxilii egeret; suos enim quisque opprimi et circumveniri non patitur, neque, aliter si faciat, ullam inter suos habet auctoritatem. 5 Haec eadem ratio est in summa totius Galliae; namque omnes civitates divisae sunt in duas partes.

12 Cum Caesar in Galliam venit, alterius factionis principes erant Haedui, alterius Sequani. 2 Hi cum per se minus valerent, quod summa auctoritas antiquitus erat in Haeduis magnaeque eorum erant clientelae, Germanos atque Ariovistum sibi adiunxerant eosque ad se magnis iacturis pollicitationibusque perduxerant. 3 Proeliis vero compluribus factis secundis atque omni nobilitate Haeduorum interfecta tantum potentia antecesserant, 4 ut magnam partem clientium ab Haeduis ad se traducerent obsidesque ab his principum filios acciperent et publice iurare cogerent nihil se contra Sequanos consilii inituros et partem finitimi agri per vim occupatam possiderent Galliaeque totius principatum obtinerent. 5 Qua necessitate adductus Diviciacus auxilii petendi causa Romam ad senatum profectus infecta re redierat. 6 Adventu Caesaris facta commutatione rerum, obsidibus Haeduis redditis, veteribus clientelis restitutis, novis per Caesarem comparatis, quod ii, qui se ad eorum amicitiam aggregaverant, meliore condicione atque aequiore imperio uti videbantur, reliquis rebus eorum gratia dignitateque amplificata Sequani principatum dimiserant. 7 In eorum locum Remi successerant; quos quod adaequare apud Caesarem gratia intellegebatur, ii qui propter veteres inimicitias nullo modo cum Haeduis coniungi poterant se Remis in clientelam dicabant. 8 Hos illi diligenter tuebantur: ita novam et repente collectam auctoritatem tenebant. 9 Eo tamen statu res erat, ut longe principes Haedui haberentur, secundum locum dignitatis Remi obtinerent.

13 In omni Gallia eorum hominum, qui aliquo sunt numero atque honore, genera sunt duo: nam plebes paene servorum habetur loco, quae nihil audet per se, nulli adhibetur consilio. 2 Plerique, cum aut aere alieno aut magnitudine tributorum aut iniuria potentiorum premuntur, sese in servitutem dicant nobilibus, quibus in hos eadem omnia sunt iura quae dominis in servos. 3 Sed de his duobus generibus alterum est druidum, alterum equitum.

4 Illi rebus divinis intersunt, sacrificia publica ac privata procurant, religiones interpretantur; ad hos magnus adulescentium numerus disciplinae causa concurrit magnoque hi sunt apud eos honore. 5 Nam fere de omnibus controversiis publicis privatisque constituunt, et si quod est facinus admissum, si caedes facta, si de hereditate, de finibus controversia est, idem decernunt, praemia poenasque constituunt: 6 si qui aut privatus aut populus eorum decreto non stetit, sacrificiis interdicunt. Haec poena apud eos est gravissima. 7 Quibus ita est interdictum, hi numero impiorum ac sceleratorum habentur, his omnes decedunt, aditum eorum sermonemque defugiunt, ne quid ex contagione incommodi accipiant, neque his petentibus ius redditur neque honos ullus communicatur. 8 His autem omnibus druidibus praeest unus, qui summam inter eos habet auctoritatem. 9 Hoc mortuo aut, si qui ex reliquis excellit dignitate, succedit aut, si sunt plures pares, suffragio druidum deligitur; nonnumquam etiam armis de principatu contendunt. 10 Hi certo anni tempore in finibus Carnutum, quae regio totius Galliae media habetur, considunt in loco consecrato. Huc omnes undique,

qui controversias habent, conveniunt eorumque decretis iudiciisque parent. 11 Disciplina in Britannia reperta atque inde in Galliam translata existimatur; et nunc qui diligentius eam rem cognoscere volunt plerumque illo discendi causa proficiscuntur.

14 Druides a bello abesse consuerunt neque tributa una cum reliquis pendunt. 2 Tantis excitati praemiis et sua sponte multi in disciplinam conveniunt et a parentibus propinquisque mittuntur. 3 Magnum ibi numerum versuum ediscere dicuntur. Itaque annos nonnulli vicenos in disciplina permanent. Neque fas esse existimant ea litteris mandare, cum in reliquis fere rebus, publicis privatisque rationibus, Graecis litteris utantur. 4 Id mihi duabus de causis instituisse videntur, quod neque in vulgus disciplinam efferri velint neque eos, qui discunt, litteris confisos minus memoriae studere (quod fere plerisque accidit, ut praesidio litterarum diligentiam in perdiscendo ac memoriam remittant). 5 In primis hoc volunt persuadere, non interire animas, sed ab aliis post mortem transire ad alios, atque hoc maxime ad virtutem excitari putant metu mortis neglecto. 6 Multa praeterea de sideribus atque eorum motu, de mundi ac terrarum magnitudine, de rerum natura, de deorum immortalium vi ac potestate disputant et iuventuti tradunt.

15 Alterum genus est equitum. Hi, cum est usus atque aliquod bellum incidit (quod ante Caesaris adventum fere quotannis accidere solebat, uti aut ipsi iniurias inferrent aut illatas propulsarent,) omnes in bello versantur, 2 atque eorum ut quisque est genere copiisque amplissimus, ita plurimos circum se ambactos clientesque habet. Hanc unam gratiam potentiamque noverunt.

16 Natio est omnis Gallorum admodum dedita religionibus atque ob eam causam, 2 qui sunt affecti gravioribus morbis quique in proeliis periculisque versantur, aut pro victimis homines immolant aut se immolaturos vovent administrisque ad ea sacrificia druidibus utuntur, 3 quod, pro vita hominis nisi hominis vita reddatur, non posse deorum immortalium numen placari arbitrantur, publiceque eiusdem generis habent instituta sacrificia. 4 Alii immani magnitudine simulacra habent, quorum contexta viminibus membra vivis hominibus complent; quibus succensis circumventi flamma exanimantur homines. 5 Supplicia eorum, qui in furto aut latrocinio aut aliqua noxia sint comprehensi, gratiora dis immortalibus esse arbitrantur; sed cum eius generis copia deficit, etiam ad innocentium supplicia descendunt.

17 Deorum maxime Mercurium colunt; (huius sunt plurima simulacra, hunc omnium inventorem artium ferunt, hunc viarum atque itinerum ducem, hunc ad quaestus pecuniae mercaturasque habere vim maximam arbitrantur) post hunc Apollinem et Martem et Iovem et Minervam. 2 De his eandem fere quam reliquae gentes habent opinionem: Apollinem morbos depellere, Minervam operum atque artificiorum initia tradere, Iovem imperium caelestium tenere. Martem bella regere. 3 Huic, cum proelio dimicare constituerunt, ea, quae bello ceperint, plerumque devovent; cum superaverunt, animalia capta immolant, reliquas res in unum locum conferunt. 4 Multis in civitatibus harum rerum exstructos tumulos locis consecratis conspicari licet; 5 neque saepe accidit, ut neglecta quispiam religione aut capta apud se occultare aut posita tollere auderet, gravissimumque ei rei supplicium cum cruciatu constitutum est.

18 Galli se omnes ab Dite patre prognatos praedicant idque ab druidibus proditum dicunt. 2 Ob eam causam spatia omnis temporis non numero dierum, sed noctium finiunt; dies natales et mensum et annorum initia sic observant, ut noctem dies subsequatur. 3 In reliquis vitae institutis hoc fere ab reliquis differunt, quod suos liberos, nisi cum adoleverunt, ut munus militiae sustinere possint, palam ad se adire non patiuntur filiumque puerili aetate in publico in conspectu patris assistere turpe ducunt.

19 Viri, quantas pecunias ab uxoribus dotis nomine acceperunt, tantas ex suis bonis aestimatione facta cum dotibus communicant. 2 Huius omnis pecuniae coniunctim ratio habetur fructusque servantur; uter eorum vita superarit, ad eum pars utriusque cum fructibus superiorum temporum pervenit. 3 Viri in uxores sicuti in liberos vitae necisque habent potestatem; et cum pater familiae illustriore loco natus decessit, eius propinqui convèniunt et, de morte si res in suspicionem venit, de uxoribus in servilem modum quaestionem habent et, si compertum est, igni atque omnibus tormentis excruciatas interficiunt. 4 Funera sunt pro cultu Gallorum magnifica et sumptuosa; omniaque, quae vivis cordi fuisse arbitrantur, in ignem inferunt, etiam animalia, ac paulo supra hanc memoriam servi et clientes, quos ab iis dilectos esse constabat, iustis funeribus confectis una cremabantur.

DE GERMANIAE MORIBUS (VI 21-28)

21 Germani multum ab hac consuetudine differunt. Nam neque druides habent, qui rebus divinis praesint, neque sacrificiis student. 2 Deorum numero eos solos ducunt, quos cernunt et quorum aperte opibus iuvantur, Solem et Vulcanum et Lunam, reliquos ne fama quidem acceperunt. 3 Vita omnis in venationibus atque in studiis rei militaris consistit; a parvis labori ac duritiae student. 4 Qui diutissime impuberes permanserunt, maximam inter suos ferunt laudem: hoc ali staturam, ali vires nervosque confirmari putant. 5 Intra annum vero vicesimum feminae notitiam habuisse in turpissimis habent rebus, cuius rei nulla est occultatio, quod et promiscue in fluminibus perluuntur et pellibus aut parvis renonum tegimentis utuntur, magna corporis parte nuda.

22 Agri culturae non student, maiorque pars eorum victus in lacte, caseo, carne consistit. 2 Neque quisquam agri modum certum aut fines habet proprios; sed magistratus ac principes in annos singulos gentibus cognationibusque hominum, quique una coierunt, quantum et quo loco visum est agri, attribuunt atque anno post alio transire cogunt. 3 Eius rei multas afferunt causas: ne assidua consuetudine capti studium belli gerendi agri cultura commutent; ne latos fines parare studeant potentioresque humiliores possessionibus expellant; ne accuratius quam ad frigora atque aestus vitandos aedificent; ne qua oriatur pecuniae cupiditas, qua ex re factiones dissensionesque nascuntur; 4 ut animi aequitate plebem contineant, cum suas quisque opes cum potentissimis aequari videat.

23 Civitatibus maxima laus est quam latissime circum se vastatis finibus solitudines habere. 2 Hoc proprium virtutis existimant, expulsos agris finitimos cedere neque quemquam prope se audere consistere; 3 simul hoc se fore tutiores arbitrantur repentinae incursionis timore sublato. 4 Cum bellum civitas aut infert aut illatum defendit, magistratus, qui ei bello praesint et vitae necisque habeant potestatem, deliguntur. 5 In pace nullus est communis magistratus, sed principes regionum atque pagorum inter suos ius dicunt controversiasque minuunt. 6 Latrocinia nullam habent infamiam, quae extra fines cuiusque civitatis fiunt, atque ea iuventutis exercendae ac desidiae minuendae causa fieri praedicant. 7 Atque ubi quis ex principibus in concilio dixit se ducem fore, qui sequi velint profiteantur, consurgunt ii qui et causam et hominem probant, suumque auxilium pollicentur atque a multitudine collaudantur; 8 qui ex his secuti non sunt, in desertorum ac proditorum numero ducuntur, omniumque his rerum postea fides derogatur. 9 Hospitem violare fas non putant; qui quacumque de causa ad eos venerunt, ab iniuria prohibent sanctosque habent, hisque omnium domus patent victusque communicatur.

24 Ac fuit antea tempus, cum Germanos Galli virtute superarent, ultro bella inferrent, propter hominum multitudinem agrique inopiam trans Rhenum colonias mitterent. 2 Itaque ea, quae fertilissima Germaniae sunt, loca circum Hercyniam silvam – quam Eratostheni et quibusdam Graecis fama notam esse video, quam illi Orcyniam appellant – Volcae Tectosages occupaverunt atque ibi consederunt; 3 quae gens ad hoc tempus his sedibus sese continet summamque habet iustitiae et bellicae laudis opinionem. 4 Nunc quoniam in eadem inopia, egestate patientiaque Germani permanent eodem victu et cultu corporis utuntur, 5 Gallis autem provinciarum propinquitas et transmarinarum rerum notitia multa ad copiam atque usum largitur, 6 paulatim assuefacti superari multisque victi proeliis ne se quidem ipsi cum illis virtute comparant.

25 Huius Hercyniae silvae, quae supra demonstrata est, latitudo novem dierum iter expedito patet; non enim aliter finiri potest, neque mensuras itinerum noverunt. 2 Oritur ab Helvetiorum et Nemetum et Rauracorum finibus rectaque fluminis Danubii regione pertinet ad fines Dacorum et Anartium; 3 hinc se flectit sinistrorsus diversis a flumine regionibus multarumque gentium fines propter magnitudinem attingit; 4 neque quisquam est huius Germaniae, qui se aut adisse ad initium eius silvae dicat, cum dierum iter LX processerit, aut quo ex loco oriatur acceperit; 5 multaque in ea genere ferarum nasci constat, quae reliquis in locis visa non sint; ex quibus quae maxime differant a ceteris et memoriae prodenda videantur, haec sunt.

26 Est bos cervi figura, cuius a media fronte inter aures unum cornu exsistit excelsius magisque derectum his quae nobis nota sunt cornibus; 2 ab eius summo sicut palmae ramique late diffunduntur. 3 Eadem est feminae marisque natura, eadem forma magnitudoque cornuum.

27 Sunt item quae appellantur alces. Harum est consimilis capris figura et varietas pellium, sed magnitudine paulo antecedunt mutilaeque sunt cornibus et crura sine nodis articulisque habent, 2 neque quietis causa procumbunt neque, si quo afflictae casu conciderunt, erigere sese aut sublevare possunt. 3 His sunt arbores pro cubilibus; ad eas se applicant atque ita paulum modo reclinatae quietem capiunt. 4 Quarum ex vestigiis cum est animadversum a venatoribus, quo se reci-

pere consuerint, omnes eo loco aut a radicibus subruunt aut accidunt arbores tantum ut summa species earum stantium relinquatur. 5 Huc cum se consuetudine reclinaverunt, infirmas arbores pondere affligunt atque una ipsae concidunt.

28 Tertium est genus eorum, qui uri appellantur. Hi sunt magnitudine paulo infra elephantos, specie et colore et figura tauri. 2 Magna vis eorum est et magna velocitas, neque homini neque ferae, quam conspexerunt, parcunt. Hos studiose foveis captos interficiunt. 3 Hoc se labore durant adulescentes atque hoc genere venationis exercent, et qui plurimos ex his interfecerunt, relatis in publicum cornibus, quae sint testimonio, magnam ferunt laudem. 4 Sed assuescere ad homines et mansuefieri ne parvuli quidem excepti possunt. 5 Amplitudo cornuum et figura et species multum a nostrorum boum cornibus differt. 6 Haec studiose conquisita ab labris argento circumcludunt atque in amplissimis epulis pro poculis utuntur.

CAESAR CUM VERCINGETORIGE DECERTAT (EX LIBRO VII)

1 Quieta Gallia Caesar, ut constituerat, in Italiam ad conventus agendos proficiscitur. Ibi cognoscit de P. Clodii caede de senatusque consulto certior factus, ut omnes iuniores Italiae coniurarent, dilectum tota provincia habere instituit. 2 Eae res in Galliam Transalpinam celeriter perferuntur; addunt ipsi et affingunt rumoribus Galli, quod res poscere videbatur: retineri urbano motu Caesarem neque in tantis dissensionibus ad exercitum venire posse. 3 Hac impulsi occasione, qui iam ante se populi Romani imperio subiectos dolerent, liberius atque audacius de bello consilia inire incipiunt. 4 Indictis inter se principes Galliae conciliis silvestribus ac remotis locis queruntur de Acconis morte; hunc casum ad ipsos recidere posse demonstrant; 5 miserantur communem Galliae fortunam; omnibus pollicitationibus ac praemiis deposcunt, qui belli initium faciant et sui capitis periculo Galliam in libertatem vindicent. 6 Imprimis rationem esse habendam dicunt, priusquam eorum clandestina consilia efferantur, ut Caesar ab exercitu intercludatur. 7 Id esse facile, quod neque legiones audeant absente imperatore ex hibernis egredi neque imperator sine praesidion ad legiones pervenire possit. 8 Postremo in acie praestare interfici, quam non veterem belli gloriam libertatemque, quam a maioribus acceperint, recuperare.

CARNUTES PRINCIPES EX OMNIBUS TEMPORE CONSTITUTO BELLUM FACTUROS POLLICENTUR

3 1 Ubi ea dies venit, Carnutes Cotuato et Conconnetodumno ducibus desperatis hominibus Cenabum signo dato concurrunt civesque Romanos, qui negotiandi causa ibi constiterant, in his C. Fufium Citam, honestum equitem Romanum, qui rei frumentariae iussu Caesaris praeerat, interficiunt bonaque eorum diripiunt. 2 celeriter ad omnes Galliae civitates fama perfertur. nam ubicumque maior atque inlustrior incidit res, clamore per agros regionesque significant; hinc alii deinceps excipiunt et proximis tradunt; 3 ut tum accidit. nam, quae Cenabi oriente sole gesta essent, ante primam confectam vigiliam in finibus Arvernorum audita sunt, quod spatium est milium passuum circiter centum sexaginta.

4 1 Simili ratione ibi Vercingetorix Celtilli filius, Arvernus, summae potentiae adulescens, cuius pater principatum totius Galliae obtinuerat et ob eam causam, quod regnum adpetebat, a civitate erat interfectus, convocatis suis clientibus facile incendit. 2 cognito eius consilio ad arma concurritur. prohibetur a Gobannitione patruo suo reliquisque principibus, qui hanc temptandam fortunam non existimabant, expellitur ex oppido Gergovia. 3 non desistit tamen atque in agris habet dilectum egentium ac perditorum. hac coacta manu, quoscumque adit ex civitate, ad suam sententiam perducit; 4 hortatur ut communis libertatis causa arma capiant, magnisque coactis copiis adversarios suos, a quibus paulo ant erat eiectus, expellit ex civitate. rex ab suis appellatur. 5 dimittit quoque versus legationes; obtestatur ut in fide maneant. 6 celeriter sibi Senones, Parisios, Pictones, Cadurcos, Turonos, Aulercos, Lemovices, Andes reliquosque omnes, qui Oceanum attingunt, adiungit; omnium consensu ad eum defertur imperium. 7 qua oblata potestate omnibus his civitatibus obsides imperat, certum numerum militum ad se celeriter adduci iubet, 8 armorum quantum quaeque civitas domi quodque ante tempus efficiat constituit; in primis equitatui studet. 9 summae diligentiae summam imperii severitatem addit; magnitudine supplicii dubitantes cogit. 10 nam maiore com-

misso delicto igni atque omnibus tormentis necat, leviore de causa auribus desectis aut singulis effossis oculis domum remittit, ut sint reliquis documento et magnitudine poenae perterreant alios.

6 His rebus in Italiam Caesari nuntiatis, cum iam ille urbanas res virtute Cn. Pompeii commodiorem in statum pervenisse intellegeret, in Transalpinam Galliam profectus est. 2 Eo cum venisset, magna difficultate afficiebatur, qua ratione ad exercitum pervenire posset. 3 Nam si legiones in provinciam arcesseret, se absente in itinere proelio dimicaturas intellegebat; si ipse ad exercitum contenderet, ne iis quidem, qui eo tempore pacati viderentur, suam salutem recte committi videbat.
7 Interim Lucterius Cadurcus in Rutenos missus eam civitatem Arvernis conciliat. 2 Progressus in Nitiobroges et Gabalos ab utrisque obsides accipit et magna coacta manu in provinciam Narbonem versus eruptionem facere contendit. 3 Qua re nuntiata Caesar omnibus consiliis antevertendum existimavit, ut Narbonem proficisceretur. 4 Eo cum venisset, timentes confirmat, praesidia in Rutenis provincialibus, Volcis Arecomicis, Tolosatibus circumque Narbonem, quae loca hostibus erant finitima, constituit, 5 partem copiarum ex provincia supplementumque, quod ex Italia adduxerat, in Helvios, qui fines Arvernorum contingunt, convenire iubet.

8 His rebus comparatis, represso iam Lucterio et remoto, quod intrare praesidia periculosum putabat, in Helvios proficiscitur. 2 Etsi mons Cebenna, qui Arvernos ab Helviis discludit, durissimo tempore anni altissima nive iter impediebat, tamen discussa nive in altitudinem pedum VI atque ita viis patefactis summo militum labore ad fines Arvernorum pervenit. 3 Quibus oppressis inopinantibus, quod se Cebenna ut muro munitos existimabant ac ne singulari quidem umquam homini eo tempore anni semitae patuerant, equitibus imperat, ut, quam latissime possint, vagentur et quam maximum hostibus terrorem inferant. 4 Celeriter haec fama ac nuntiis ad Vercingetorīgem perferuntur; quem perterriti omnes Arverni circumsistunt atque obsecrant, ut suis fortunis consulat neu se ab hostibus diripi patiatur, praesertim cum videat omne ad se bellum translatum. 5 Quorum ille precibus permotus castra ex Biturigibus movet in Arvernos versus.

9 At Caesar biduum in his locis moratus, quod haec de Vercingetorige usu ventura opinione praeceperat, per causam supplementi equitatusque cogendi ab exercitu discedit, Brutum adulescentem his copiis praeficit; 2 hunc monet, ut in omnes partes equites quam latissime pervagentur; daturum se operam, ne longius triduo a castris absit. 3 His constitutis rebus omnibus suis inopinantibus, quam maximis potest itineribus, Viennam pervenit. 4 Ibi nactus recentem equitatum, quem multis ante diebus eo praemiserat, neque diurno neque nocturno itinere intermisso per fines Haeduorum in Lingones contendit, ubi duae legiones hiemabant, ut, si quid etiam de sua salute ab Haeduis iniretur consilii, celeritate praecurreret. 5 Eo cum pervenisset, ad reliquas legiones mittit priusque omnes in unum locum cogit, quam de eius adventu Arvernis nuntiari posset.

VERCINGETORIX PLURIBUS CLADIBUS ACCEPTIS RATIONEM BELLI GERENDI COMMUTAT.

quod eo oppido recepto civitatem Biturigum se in potestatem redacturum confidebat.
14 1 Vercingetorix tot continuis incommodis Vellaunoduni, Cenabi, Novioduni acceptis suos ad concilium convocat. 2 docet longe alia ratione esse bellum gerendum atque gestum sit; omnibus modis huic rei studendum, ut pabulatione et commeatu Romani prohibeantur. 3 id esse facile, quod equitatu ipsi abundent et quod anni tempore subleventur. 4 pabulum secari non posse; necessario dispersos hostes ex aedificiis petere; hos omnes cotidie ab equitibus deleri posse. 5 praeterea salutis causa rei familiaris commoda neglegenda; vicos atque aedificia incendi oportere hoc spatio a via quoque versus, quo pabulandi causa adire posse videantur. 6 harum ipsis rerum copiam suppetere, quod quorum in finibus bellum geratur, eorum opibus subleventur; 7 Romanos aut inopiam non laturos aut magno cum periculo longius a castris processuros; 8 neque interesse ipsosne interficiant impedimentisne exuant, quibus amissis bellum geri non possit. 9 praeterea oppida incendi oportere, quae non munitione et loci natura ab omni sint periculo tuta, ne suis sint ad detractandam militiam receptacula neu Romanis proposita ad copiam commeatus praedamque tollendam. 10 haec si gravia aut acerba videantur, multo illa gravius aestimari debere liberos coniuges in servitutem abstrahi, ipsos interfici; quae sit necesse accidere victis.
15 1 Omnium consensu hac sententia probata uno die amplius XX urbes Biturigum incenduntur. 2 hoc idem fit in reliquis civitatibus. in omnibus partibus incendia conspiciuntur. quae etsi magno cum dolore omnes ferebant, tamen hoc sibi solacii proponebant, quod se prope explorata victoria celeriter amissa recuperaturos confidebant. 3 deliberatur de Avarico in communi concilio, incendi placeat an defendi. 4 procumbunt omnibus Gallis ad pedes Bituriges, ne pulcherrimam prope Galliae totius urbem, quae et praesidio et ornamento sit civitati, suis manibus succendere cogerentur; 5 facile se loci natura defensuros dicunt, quod prope ex omnibus partibus flumine et palude circumdata unum habeat et perangustum aditum. 5 datur petentibus venia dissuadente primo Vercingetorige, post concedente et precibus ipsorum et misericordia vulgi. defensores oppido idonei deliguntur.

DE AVARICO PUGNATUR. VERCINGETORIX PRODITIONIS INSIMULATUS FIDEM RESTITUERE POTEST

20 Vercingetorix, cum ad suos redisset, proditionis insimulatus, quod castra propius Romanos movisset, quod cum omni equitatu discessisset, quod sine imperio tantas copias reliquisset, quod eius discessu Romani tanta opportunitate et celeritate venissent; 2 non haec omnia fortuito aut sine consilio accidere potuisse; regnum illum Galliae malle Caesaris concessu quam ipsorum habere beneficio. tali modo accusatus ad haec respondit: 3 quod castra movisset, factum inopia pabuli etiam ipsis hortantibus; quod propius Romanos accessisset, persuasum loci opportunitate, qui se ipse sine munitione defenderet; 4 equitum vero operam neque in loco palustri desiderari debuisse et illic fuisse utilem, quo sint profecti. 5 Summam imperii se consulto nulli discedentem tradidisse, ne is multitudinis studio ad dimicandum impelleretur; cui rei propter animi mollitiem studere omnes videret, quod diutius laborem ferre non possent. 6 Romani si casu intervenerint, fortunae, si alicuius indicio vocati, huic habendam gratiam, quod et paucitatem eorum ex loco superiore cognoscere et virtutem despicere potuerint, qui dimicare non ausi turpiter se in castra receperint. 7 Imperium se a Caesare per proditionem nullum desiderare, quod habere victoria posset, quae iam esset sibi atque omnibus Gallis explorata; quin etiam ipsis remitteret, si sibi magis honorem tribuere quam ab se salutem accipere videantur. 8 „Haec ut intellegatis", inquit, „a me sincere pronuntiari, audite Romanos milites." 9 Producit servos, quos in pabulatione paucis ante diebus exceperat et fame vinculisque excruciaverat. 10 Hi iam ante edocti, quae interrogati pronuntiarent, milites se esse legionarios dicunt; fame atque inopia adductos clam ex castris exisse, si quid frumenti aut pecoris in agris reperire possent; 11 simili omnem exercitum inopia premi, nec iam vires sufficere cuiusquam nec ferre operis laborem posse; itaque statuisse imperatorem, si nihil in oppugnatione oppidi profecisset, triduo exercitum deducere. 12 „Haec", inquit, „a me beneficia habetis, quem proditionis insimulatis, cuius opera sine vestro sanguine tantum exercitum victorem fame paene consumptum videtis; quem turpiter se ex hac fuga recipientem ne qua civitas suis finibus recipiat, a me provisum est."

21 Conclamat omnis multitudo et suo more armis concrepat, quod facere in eo consuerunt, cuius orationem approbant: summum esse Vercingetorīgem ducem, nec de eius fide dubitandum, nec maiore ratione bellum administrari posse. 2 Statuunt, ut X milia hominum delecta ex omnibus copiis in oppidum submittantur. 3 Nec solis Biturigibus communem salutem committendam censent, quod paene in eo, si id oppidum retinuissent, summam victoriae constare intellegebant.

DE MURIS GALLICIS

23 1 Muri autem omnes Gallici hac fere forma sunt. trabes derectae perpetuae in longitudinem paribus intervallis, distantes inter se binos pedes, in solo conlocantur. 2 hae revinciuntur introrsus et multo aggere vestiuntur, ea autem quae diximus intervalla grandibus in fronte saxis effarciuntur. 3 his conlocatis et coagmentatis alius insuper ordo additur, ut idem illud intervallum servetur, neque inter se contingant trabes, sed paribus intermissae spatiis singulae singulis saxis interiectis arte contineantur. 4 sic deinceps omne opus contexi-

tur, dum iusta muri altitudo expleatur. 5 hoc cum in speciem varietatemque opus deforme non est alternis trabibus ac saxis, quae rectis lineis suos ordines servant, tum ad utilitatem et defensionem urbium summam habet opportunitatem, quod et ab incendio lapis et ab ariete materia defendit, quae perpetuis trabibus pedes quadragenos plerumque introrsus revincta neque perrumpi neque distrahi potest.

EXEMPLA FORTITUDINIS

25 1 Cum in omnibus locis consumpta iam reliqua parte noctis pugnaretur semperque hostibus spes victoriae redintegraretur, eo magis quod deustos pluteos turrium videbant nec facile adire apertos ad auxiliandum animadvertebant, semperque ipsi recentes defessis succederent omnemque Galliae salutem in illo vestigio temporis positam arbitrarentur, accidit inspectantibus nobis, quod dignum memoria visum praetereundum non existimavimus. 2 quidam ante portam oppidi Gallus, qui per manus sebi ac picis traditas glaebas in ignem e regione turris proiciebat, scorpione ab latere dextro traiectus exanimatusque concidit. 3 hunc ex proximis unus iacentem transgressus eodem illo munere fungebatur. 4 eadem ratione ictu scorpionis exanimato alteri successit tertius et tertio quartus, nec prius ille est a propugnatoribus vacuus relictus locus quam restincto aggere atque omni ea parte submotis hostibus finis est pugnandi factus.

ROMANI CAEDEM CENABENSEM ULCISCUNTUR

28 1 Hostes re nova perterriti, muro turribusque deiecti in foro ac locis patentioribus cuneatim constiterunt hoc animo, ut, si qua ex parte obviam contra veniretur, acie instructa depugnarent. 2 ubi neminem in aequum locum sese demittere, sed toto undique muro circumfundi viderunt, veriti, ne omnino spes fugae tolleretur, abiectis armis ultimas oppidi partes continenti impetu petiverunt, 3 parsque ibi, cum angusto exitu portarum se ipsi premerent, a militibus, pars iam egressa portis ab equitibus est interfecta. 4 nec fuit quisquam qui praedae studeret. sic et Cenabensi caede et labore operis incitati non aetate confectis, non mulieribus, non infantibus pepercerunt. 5 denique ex omni eo numero, qui fuit circiter milium XL, VIX DCCC, qui primo clamore audito se ex oppido eiecerant, incolumes ad Vercingetorigem pervenerunt.

HAEDUI AD VERCINGETORIGEM DEFICIUNT

37 Dum haec ad Gergoviam geruntur, Convictolitāvis Haeduus, cui magistratus adiudicatus a Caesare erat, sollicitatus ab Arvernis pecunia cum quibusdam adulescentibus colloquitur, quorum erat princeps Litaviccus atque eius fratres, amplissima familia nati adulescentes. 2 Cum his praemium communicat hortaturque, ut se liberos et imperio natos meminerint. 3 Unam esse Haeduorum civitatem, quae certissimam Galliae victoriam distineat; eius auctoritate reliquas contineri; qua traducta locum consistendi Romanis in Gallia non fore. 4 Esse nonnullo se Caesaris beneficio affectum, sic tamen, ut iustissimam apud eum causam obtinuerit; sed plus communi libertati tribuere. 5 Cur enim potius Haedui de suo iure et de legibus ad Caesarem disceptatorem quam Romani ad Haeduos veniant?

6 Celeriter adulescentibus et oratione magistratus et praemio deductis, cum se vel principes eius consilii fore profiterentur, ratio perficiendi quaerebatur, quod civitatem temere ad suscipiendum bellum adduci posse non confidebant. 7 Placuit, ut Litaviccus decem illis milibus, quae Caesari ad bellum mitterentur, praeficeretur fratresque eius ad Caesarem praecurrerent. Reliqua qua ratione agi placeat, constituunt.

38 Litaviccus accepto exercitu, cum milia passuum circiter triginta a Gergovia abesset, convocatis subito militibus lacrimans: „Quo proficiscimur“, inquit, „milites? 2 Omnis noster equitatus, omnis nobilitas interiit; principes civitatis, Eporedorix et Viridomārus, insimulati proditionis ab Romanis indicta causa interfecti sunt. 3 Haec ab his cognoscite, qui ex ipsa caede fugerunt; nam ego fratribus atque omnibus meis propinquis interfectis dolore prohibeor, quae gesta sunt, pronuntiare.“

4 Producuntur ii, quos ille edocuerat, quae dici vellet, atque eadem, quae Litaviccus pronuntiaverat, multitudini exponunt: 5 omnes equites Haeduorum interfectos, quod collocuti cum Arvernis dicerentur; ipsos se inter multitudinem militum occultasse atque ex media caede fugisse.

6 Conclamant Haedui et Litaviccum obsecrant, ut sibi consulat. 7 „Quasi vero“, inquit ille, „consilii sit res ac non necesse sit nobis Gergoviam contendere et cum Arvernis nosmet coniungere. 8 An dubitamus, quin nefario facinore admisso Romani iam ad nos interficiendos concurrant? Proinde, si quid in nobis animi est, persequamur eorum mortem, qui indignissime interierunt, atque hos latrones interficiamus.“

9 Ostendit cives Romanos, qui eius praesidii fiducia una ierant; continuo magnum numerum frumenti commeatusque diripit, ipsos crudeliter excruciatos interficit. 10 Nuntios tota civitate Haeduorum dimittit; eodem mendacio de caede equitum et principum permovet; hortatur, ut simili ratione, atque ipse fecerit, suas iniurias persequantur.

39 Eporedorix Haeduus, summo loco natus adulescens et summae domi potentiae, et una Viridomārus, pari aetate et gratia, sed genere dispari, quem Caesar ab Diviciāco sibi traditum ex humili loco ad summam dignitatem perduxerat, in equitum numero convenerant nominatim ab eo evocati. 3 Ex his Eporedorix cognito Litavicci consilio media fere nocte rem ad Caesarem defert; orat, ne patiatur civitatem pravis adulescentium consiliis ab amicitia populi Romani deficere, quod futurum provideat, si se tot hominum milia cum hostibus coniunxerint, quorum salutem neque propinqui neglegere neque civitas levi momento aestimare posset.

40 Magna affectus sollicitudine hoc nuntio Caesar, quod semper Haeduorum civitati praecipue indulserat, nulla interposita dubitatione legiones expeditas quattuor equitatumque omnem ex castris educit. 3 C. Fabium legatum cum legionibus duabus castris praesidio relinquit. Fratres Litavicci cum comprehendi iussisset, paulo ante reperit ad hostes profugisse.

4 Adhortatus milites, ne necessario tempore itineris labore permoveantur, cupidissimis omnibus progressus milia passuum viginti quinque agmen Haeduorum conspicatur; immisso equitatu iter eorum moratur atque impedit interdicitque omnibus, ne quemquam interficiant. 5 Eporedorīgem et Viridomārum, quos illi interfectos existimabant, inter equites versari suosque appellare iubet.

6 His cognitis et Litavicci fraude perspecta Haedui manus tendere et proiectis armis mortem deprecari incipiunt. 7 Litaviccus cum suis clientibus, quibus more Gallorum nefas est etiam in extrema fortuna deserere patronos, Gergoviam perfugit.

VERCINGETORIX AD ALESIAM DEVINCITUR

84 Vercingetorix ex arce Alesiae suos conspicatus ex oppido egreditur: crates, longurios, falces reliquaque, quae eruptionis causa paraverat, profert. 2 Pugnatur uno tempore omnibus locis atque omnia temptantur; quae minime visa pars firma est, huc concurritur. 3 Romanorum manus tantis munitionibus distinetur nec facile pluribus locis occurrit. 4 Multum ad terrendos nostros valet clamor, qui post tergum pugnantibus exsistit, quod suum periculum in aliena vident virtute constare; 5 omnia enim plerumque, quae absunt, vehementius hominum mentes perturbant.

85 Caesar idoneum locum nactus, quid quaque in parte geratur, cognoscit; laborantibus submittit. 2 Utrisque ad animum occurrit unum esse illud tempus, quo maxime contendi conveniat: 3 Galli, nisi perfregerint munitiones, de omni salute desperant; Romani, si rem obtinuerint, finem laborum omnium exspectant. 4 Maxime ad superiores munitiones laboratur, quo Vercassivellaunus missus erat. 5 Alii tela coniciunt, alii te-

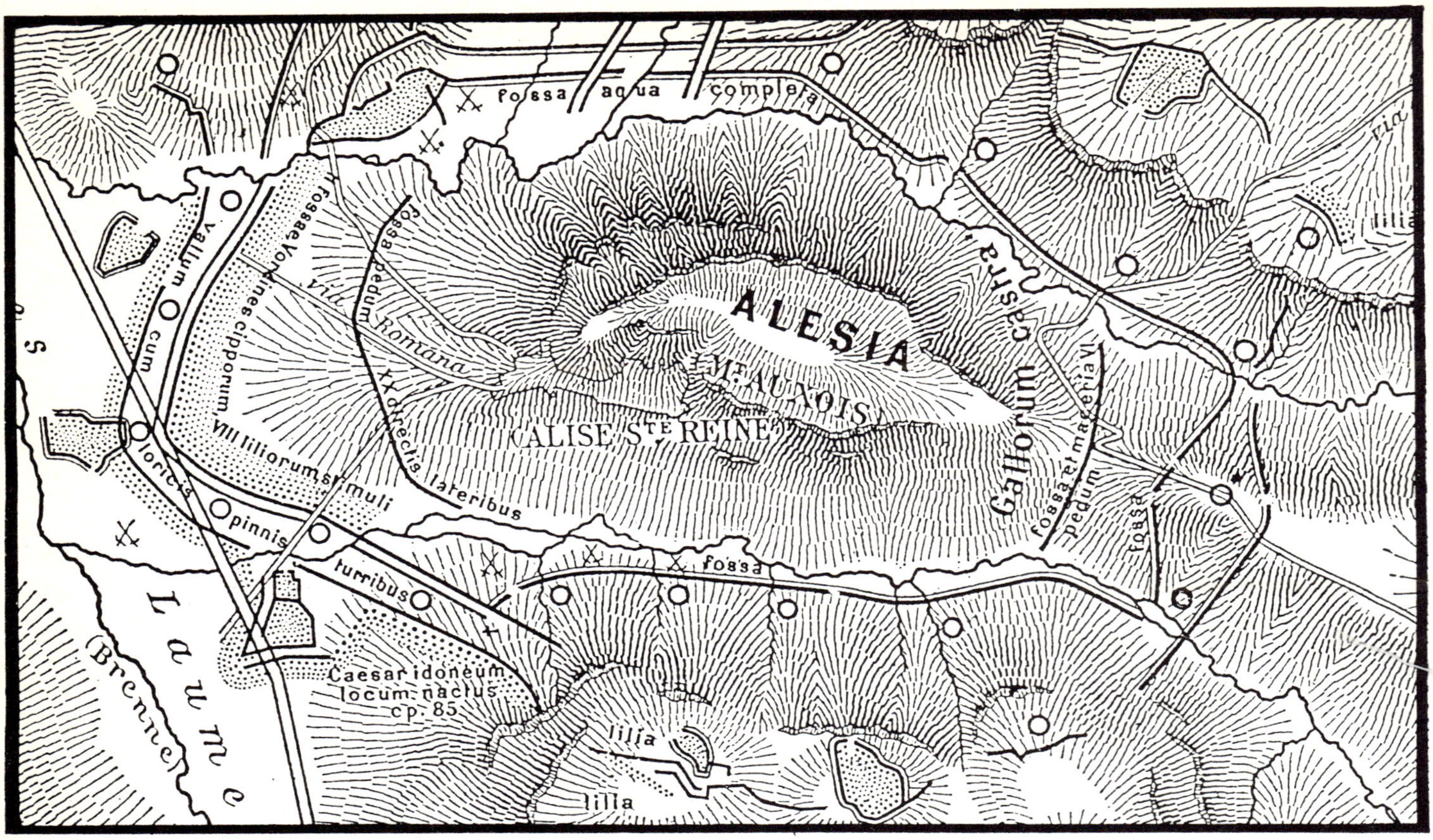

studine facta subeunt; defatigatis in vicem integri succedunt. 6 Agger ab universis in munitionem coniectus et ascensum dat Gallis et ea, quae in terra occultaverant Romani, contegit; nec iam arma nostris nec vires suppetunt.

86 His rebus cognitis Caesar Labienum cum cohortibus sex subsidio laborantibus mittit; 2 imperat, si sustinere non possit, deductis cohortibus eruptione pugnet; id nisi necessario ne faciat. 3 Ipse adit reliquos, cohortatur, ne labori succumbant: omnium superiorum dimicationum fructum in eo die atque hora docet consistere. 4 Interiores desperatis campestribus locis propter magnitudinem munitionum loca praerupta ex ascensu temptant; huc ea, quae paraverant, conferunt. 5 Multitudine telorum ex turribus propugnantes deturbant, aggere et cratibus fossas explent, falcibus vallum ac loricam rescindunt.

87 Mittit primum Brutum adulescentem cum cohortibus quibusdam Caesar, post cum aliis C. Fabium legatum; 2 postremo ipse, cum vehementius pugnaretur, integros subsidio adducit. 3 Restituto proelio ac repulsis hostibus eo, quo Labienum miserat, contendit; 4 cohortes quattuor ex proximo castello deducit, equitum partem se sequi, partem circumire exteriores munitiones et a tergo hostes adoriri iubet. 5 Labienus, postquam neque aggeres neque fossae vim hostium sustinere poterant, Caesarem per nuntios facit certiorem, quid faciendum existimet. Accelerat Caesar ut proelio intersit.

88 Eius adventu ex colore vestitus cognito quo insigni in proeliis uti consuerat turmisque equitum et cohortibus visis, quas se sequi iusserat, ut de locis superioribus haec declivia et devexa cernebantur, hostes proelium committunt. 2 Utrimque clamore sublato excipit rursus ex vallo atque omnibus munitionibus clamor. 3 Nostri emissis pilis gladiis rem gerunt. 3 Repente post tergum equitatus cernitur; cohortes [aliae] appropinquant. Hostes terga vertunt; fugientibus equites occurrunt. 4 Fit magna caedes. Sedullus, dux et princeps Lemovīcum, occiditur; Vercassivellaunus Arvernus vivus in fuga comprehenditur; signa militaria septuaginta quattuor ad Caesarem referuntur; pauci ex tanto numero se incolumes in castra recipiunt. 5 Conspicati ex oppido caedem et fugam suorum desperata salute copias a munitionibus reducunt. Fit protinus hac re audita ex castris Gallorum fuga. 6 Quod nisi crebris subsidiis ac totius diei labore milites fuissent defessi, omnes hostium copiae deleri potuissent. 7 De media nocte missus equitatus novissimum agmen consequitur; magnus numerus capitur atque interficitur, reliqui ex fuga in civitates suas discedunt.

89 Postero die Vercingetorix concilio convocato id bellum se suscepisse non suarum necessitatum, sed communis libertatis causa demonstrat, 2 et quoniam sit fortunae cedendum, ad utramque rem se illis offerre, seu morte sua Romanis satisfacere seu vivum tradere velint. 3 Mittuntur de his rebus ad Caesarem legati. Iubet arma tradi, principes produci. 4 Ipse in munitione pro castris considit; eo duces producuntur. Vercingetorix deditur, arma proiciuntur. 5 Reservatis Haeduis et Arvernis, si per eos civitates recuperare posset, ex reliquis captivis toti exercitui capita singula praedae nomine distribuit.

90 His rebus confectis in Haeduos proficiscitur; civitatem recipit. 2 Eo legati ab Arvernis missi, quae imperaret, se facturos pollicentur. Imperat magnum numerum obsidum. 3 Captivorum circiter XX milia Haeduis Arvernisque reddit. 4 Legiones in hiberna mittit. 8 His rebus ex litteris Caesaris cognitis Romae dierum viginti supplicatio redditur.